ENSAIOS DE DIREITO EMPRESARIAL APLICADO

CONTRA CORRENTE
10 ANOS

Fernando Antonio Maia da Cunha
Octavio Weicker Valverde Gutierrez

ENSAIOS DE DIREITO EMPRESARIAL APLICADO

AVARÉ
2025

CONTRA CORRENTE
10 ANOS

Travessa Vergílio de Araújo Valim, 167
Avaré – SP – Brasil | CEP 18707 815
www.editoracontracorrente.com.br
contato@editoracontracorrente.com.br

EDITORES
Camila Almeida Janela Valim
Gustavo Marinho de Carvalho
Rafael Valim
Walfrido Warde
Silvio Almeida

EQUIPE EDITORIAL
COORDENAÇÃO DE PROJETO: Erick Facioli
PREPARAÇÃO DE TEXTO: Amanda Dorth
REVISÃO: Beatriz Duarte Lopes
REVISÃO TÉCNICA:
DIAGRAMAÇÃO: Pablo Madeira
CAPA: Maikon Nery

EQUIPE DE APOIO
Carla Vasconcelos
Regina Gomes
Geovanna Sales
Julia Falanghe

Dados Internacionais de Catalogação na Publicação (CIP)
(Câmara Brasileira do Livro, SP, Brasil)

Cunha, Fernando Antonio Maia da
Ensaios de Direito Empresarial aplicado / Fernando Antonio Maia da Cunha, Octavio Weicker Valverde Gutierrez. -- 1. ed. -- Avaré, SP : Editora Contracorrente, 2025.

Bibliografia.
ISBN 978-65-5396-284-2

1. Direito empresarial - Brasil 2. Ensaios I. Gutierrez, Octavio Weicker Valverde. II. Título.

25-271580 CDU-34:338(81)

Índices para catálogo sistemático:

1. Brasil : Direito empresarial 34:338(81)
Aline Graziele Benitez - Bibliotecária - CRB-1/3129

@editoracontracorrente
Editora Contracorrente
@ContraEditora
Editora Contracorrente

SUMÁRIO

PARTE II – DIREITO SOCIETÁRIO

PARTE III – DIREITO DA INSOLVÊNCIA

SOBRE OS AUTORES

FERNANDO ANTONIO MAIA DA CUNHA

Advogado e sócio consultor do escritório Warde Advogados. Desembargador aposentado do TJSP. Presidente da Seção de Direito Privado e integrante do CSM (2010/2011). Diretor da EPM (2014/2016). Membro do Conselho Superior da ENFAM (2014/2016). Professor dos Cursos de Pós-graduação em Direito Empresarial da EPM (2012/2019). Coordenador das obras "CPC: Perspectivas da Magistratura" e "Direito Empresarial Aplicado". Autor do livro *Autonomia Patrimonial das Sociedades Limitadas vs. Desconsideração da Personalidade Jurídica*. Coautor do livro *Comentários à Lei de Recuperação de Empresas e Falência*. Mestre em Direito Comercial pela PUC/SP.

OCTAVIO WEICKER VALVERDE GUTIERREZ

Advogado com atuação nas áreas de Arbitragem, Contencioso e Insolvência. Mestrando em Direito Comercial pela Faculdade de Direito da USP. Graduado pela Faculdade de Direito da Universidade Presbiteriana Mackenzie. Membro das Comissões de Arbitragem e Direito Bancário da OAB/SP.

PREFÁCIO

Foi com alegria que recebi o convite para um breve prefácio relacionado à obra Ensaios de Direito Empresarial Aplicado, contendo artigos doutrinários escritos pelos prezados amigos Fernando Antonio Maia da Cunha e Octavio Weicker Valverde Gutierrez.

Conheço bem os autores.

Fernando Maia da Cunha foi meu colega na Magistratura de São Paulo, ao longo dos seus quase quarenta anos de judicatura no Tribunal de Justiça de São Paulo. A nossa amizade vem dos seminários semanais que coordenamos, durante vários anos, nos cursos de Especialização em Direito Empresarial na EPM – Escola Paulista da Magistratura. Escrevemos alguns artigos juntos e, numa ideia que veio daquele tempo, escrevemos os Comentários à Lei de Recuperação de Empresas e Falência, obra substanciosa que foi lançada recentemente em sua segunda edição.

Octavio Weicker Valverde Gutierrez, jovem e talentoso advogado e jurista, eu conheci durante o valioso auxílio que nos prestou com pesquisas e estudos quando escrevíamos a obra Comentários à LREF, nas duas edições. Os seus estudos e dedicação ao direito permitiram que, recentemente, iniciasse o seu mestrado na Universidade de São Paulo, sob a orientação do eminente Professor Manoel de Queiroz Pereira Calças.

A obra coletiva Direito Empresarial Aplicado, cujo volume 5 foi lançado em junho de 2025, tornou-se um clássico no Direito Empresarial, com os mais variados artigos de magistrados, juristas e professores que tratam especialmente das soluções práticas para as principais controvérsias societárias e de insolvência. A rápida publicação dos seus volumes mantém os artigos atualizados quando do seu lançamento, fazendo, além de um importante repositório futuro da evolução da jurisprudência do Direito Empresarial, um retrato fidedigno dos temas discutidos quando os autores escreveram os seus artigos.

A ideia de condensar numa obra os artigos publicados pelos autores é bem interessante. Além da ideia de prestigiar a obra coletiva Direito Empresarial Aplicado, os autores colocarão à disposição da comunidade jurídica especializada reflexões importantes acerca dos temas tratados.

A obra, dividida em três capítulos, cuida de matérias atuais, algumas ainda controvertidas.

No Direito Arbitral, os autores refletem sobre o sigilo arbitral, a transparência na recuperação judicial, a violação à ordem pública como hipótese de não homologação de sentenças arbitrais estrangeiras, o art. 189, IV, do CPC à luz da jurisprudência e a busca do equilíbrio entre as ações anulatórias e o prestígio à arbitragem. No Direito Societário, fazem considerações acerca da dissolução das sociedades em conta de participação e do regime de responsabilidade civil dos administradores de sociedades limitadas. No Direito de Insolvência, comentam importantes pontos do tratamento das garantias na recuperação judicial, da falência como instrumento eficiente ao credor, da realização do ativo na falência e do encerramento célere da falência e *fresh start*.

Esperando que outras obras semelhantes sejam editadas para enriquecer o Direito Empresarial, recomendo a leitura por todos que lidam com a sua aplicação, juízes, juristas, advogados e professores.

MARIA RITA REBELLO PINHO DIAS

Juíza da 3ª Vara de Falências e Recuperação Judicial da Comarca da Capital, convocada na Corregedoria Geral de Justiça do Tribunal de Justiça de São Paulo. Mestre e Doutora em Direito. Professora de Direito Comercial na PUC-SP.

APRESENTAÇÃO

Este livro é fruto de uma amizade que nasceu a partir do exercício da advocacia dentro do escritório Warde Advogados e que se seguiu ao longo dos anos, proporcionando aos seus autores a oportunidade de publicar, entre 2020 e 2025, uma série de artigos acadêmicos em diferentes obras coletivas.

Considerando que, em sua maioria, os artigos aqui reeditados foram publicados no livro *Direito Empresarial Aplicado*, pela Editora Contracorrente e que já se encontra em seu quinto volume, resolvemos batizá-lo de *Ensaios de Direito Empresarial Aplicado*, como forma de prestigiar a referida obra.

A ideia de compilar as produções acadêmicas em uma única publicação está relacionada a dois objetivos principais: (i) disseminar o conhecimento jurídico no âmbito do Direito Empresarial, proporcionando aos seus intérpretes um acesso concentrado aos textos desenvolvidos pelos autores ao longo dos últimos anos; e (ii) preservar as ideias defendidas, que por vezes acabam se perdendo em publicações com um número mais restrito de exemplares.

Para fins de melhor organização, os artigos foram divididos em 3 capítulos temáticos: (i) Direito Arbitral, (ii) Direito Societário e (iii) Direito da Insolvência, e internamente foram selecionados cronologicamente, partindo-se dos mais antigos aos mais novos.

Em suma, com a reunião dos artigos em questão, esperamos contribuir genuinamente com a evolução do Direito Empresarial, que, sem dúvidas, representa um dos ramos essenciais ao desenvolvimento da economia brasileira.

PARTE I

DIREITO ARBITRAL

CAPÍTULO I

REFLEXÕES SOBRE O SIGILO ARBITRAL E A TRANSPARÊNCIA NA RECUPERAÇÃO JUDICIAL

Introdução

Antes de ingressar no tema do artigo, cumpre registrar nossos agradecimentos ao ilustre coordenador da obra, DESEMBARGADOR JORGE TOSTA, pelo convite para participar da justa e merecida homenagem ao saudoso DESEMBARGADOR JOSÉ ARALDO DA COSTA TELLES: homem de muitas qualidades e que tanto contribuiu à magistratura bandeirante e ao Direito, em especial ao Direito Empresarial durante os anos em que ocupou assento na Câmara Especial de Falências e Recuperações Judiciais, e posteriormente na 2ª Câmara Reservada de Direito Empresarial do egrégio Tribunal de Justiça de São Paulo.

Como não poderia deixar de ser, este ensaio baseia-se num acórdão relatado pelo DESEMBARGADOR ARALDO TELLES, que tratou acerca do sigilo nos procedimentos arbitrais sob a ótica do interesse dos credores na recuperação judicial.

Trata-se do voto de número 42.507, proferido pelo DESEMBARGADOR ARALDO TELLES (número que fala por si só e representa a dimensão do serviço prestado à justiça paulista ao longo de seus 43 anos de judicatura), assim ementado:

> *Recuperação judicial. Ordem, dirigida às recuperandas, de exibição de todas as peças dos procedimentos arbitrais que contendem. Segredo de justiça que não deve afetar as partes integrantes do processo e regularmente cadastradas, inclusive os credores. Ausência, ademais, de demonstração de que os aludidos procedimentos arbitrais correm sob segredo de justiça. Decisão mantida em homenagem ao princípio da transparência, que também deve nortear os processos de recuperação judicial. Recurso desprovido.*[1]

O objetivo do artigo é traçar um breve panorama acerca dos principais aspectos envolvendo o sigilo nos procedimentos arbitrais, para, então, analisar o tema a partir do princípio da transparência na recuperação judicial, que certamente é uma das pedras de toque do referido instituto – sempre que possível, referindo-se às colocações feitas pelo DESEMBARGADOR ARALDO TELLES no acórdão supracitado.

1 Considerações sobre o sigilo na arbitragem

Um dos principais fundamentos utilizados na defesa do sigilo das arbitragens repousa no fato de tratar-se de um método privado de solução de conflitos, no qual podem as partes convencionar livremente sobre as regras do procedimento, inclusive, estabelecendo que o litígio tramitará de forma sigilosa, de modo a evitar que terceiros tenham acesso às informações e decisões do procedimento.

---

1 TJSP, Agravo de instrumento n. 2171492-02.2018.8.26.0000, Relator Desembargador ARALDO TELLES, 2ª Câmara Reservada de Direito Empresarial, j. 24/09/19.

Essa característica, aliás, sempre foi destacada pela doutrina especializada como uma das vantagens do uso da arbitragem.[2]

Entretanto, fato é que ao editar a Lei n. 9.307/1996 (Lei de Arbitragem), o legislador foi omisso quanto ao tema da confidencialidade, limitando-se a estipular no artigo 13, § 6º,[3] que o árbitro tem o dever de agir com discrição durante o desempenho de sua função.

Não obstante a omissão legislativa, a prática revelava que o sigilo era a regra nas arbitragens. A ausência de regulamentação do tema gerava, entretanto, uma série de questionamentos.

A esse respeito, oportuno mencionar as considerações feitas por JOSÉ ANTONIO FICHTNER, SÉRGIO MANNHEIMER E ANDRÉ MONTEIRO, em artigo publicado no ano de 2014, destacando as dúvidas mais comuns sobre a confidencialidade na arbitragem:

> *(i) se a confidencialidade está implícita na arbitragem ou depende de previsão expressa, (ii) quais são os limites da confidencialidade, (iii) se a divulgação apenas da existência da arbitragem infringe a confidencialidade, (iv) se a divulgação dos documentos e das provas produzidas na arbitragem viola a confidencialidade, (vi) se a publicação da sentença arbitral e das demais decisões compromete*

---

2 RENATO STEPHAN GRION destaca que: "*entre as citadas vantagens da arbitragem, mostra-se particularmente interessante ao meio empresarial a possibilidade de as partes envolvidas em determinada contenda pactuarem a confidencialidade dela*", referindo-se à pesquisa realizada pela Universidade Queen Mary da Inglaterra, onde se constatou que "*87% das pessoas questionadas consideram a confidencialidade como um aspecto importante na escolha ela arbitragem*". (LEVY, Daniel; PEREIRA, Setoguti Guilherme. *Curso de Arbitragem*. São Paulo: Thomson Reuters, 2018, p. 207).

3 *Art. 13. Pode ser árbitro qualquer pessoa capaz e que tenha a confiança das partes. § 6º No desempenho de sua função, o árbitro deverá proceder com imparcialidade, independência, competência, diligência e discrição.*

> *a confidencialidade, (vii) se a confidencialidade vincula árbitros, instituição arbitral, partes e terceiros que tenham participado da arbitragem e (viii) como seria possível manter íntegra a confidencialidade quando for necessário o apoio prévio e a posteriori do Poder Judiciário, normalmente submetido ao princípio da publicidade dos atos processuais.*[4]

Foi nesse contexto que o legislador do Código de Processo Civil de 2015 estabeleceu que os casos que versem sobre arbitragem tramitam em segredo de justiça, desde que a confidencialidade da arbitragem tenha sido comprovada perante o Poder Judiciário.

> *Art. 189. Os atos processuais são públicos, todavia tramitam em segredo de justiça os processos:*
>
> (...)
>
> *IV – que versem sobre arbitragem, inclusive sobre cumprimento de carta arbitral, desde que a confidencialidade estipulada na arbitragem seja comprovada perante o juízo.*

Ao comentar o referido dispositivo, RODRIGO GARCIA DA FONSECA destaca que:

> *a nova lei processual, neste passo, incorporou uma hipótese de segredo de justiça convencional, ou contratual, estipulado pelas partes, previsão que antes inexistia no direito processual pátrio, ao menos expressamente. A hipótese é de segredo de justiça disponível ou facultativo. Há clara valorização legal da autonomia privada, característica primordial da arbitragem, no tocante ao sigilo.*[5]

---

4 FICHTNER, José Antonio; MANNHEIMER, Sergio Nelson; MONTEIRO, André Luís. *Novos temas de arbitragem*. Rio de Janeiro: Editora FGV, 2014, p. 92.

5 CARMONA, Carlos Alberto; LEMES, Selma Ferreira; BATISTA, Pedro. *20 anos da Lei de Arbitragem*: homenagem a Petrônio R. Muniz. São Paulo: Atlas, 2017, p. 659.

De forma concomitante o legislador editou a Lei n. 13.129/2015, que além de alterar diversos pontos da Lei de Arbitragem, incluiu o art. 22-C, que estabelece em seu parágrafo único a observância do segredo de justiça no cumprimento da carta arbitral.

> *Art. 22-C. O árbitro ou o tribunal arbitral poderá expedir carta arbitral para que o órgão jurisdicional nacional pratique ou determine o cumprimento, na área de sua competência territorial, de ato solicitado pelo árbitro.*
>
> *Parágrafo único. No cumprimento da carta arbitral será observado o segredo de justiça, desde que comprovada a confidencialidade estipulada na arbitragem.*

A leitura das disposições acima indica que o Código de Processo Civil de 2015 e a reforma introduzida pela Lei n. 13.129/2015 eliminaram uma dúvida relevante suscitada pela doutrina ao prever a necessidade das partes comprovarem a contratação da cláusula de confidencialidade para que possam pleitear o trâmite do processo em segredo de justiça no Poder Judiciário. Ou seja, a opção do legislador foi tutelar o sigilo das medidas de apoio à arbitragem no Poder Judiciário, reconhecendo, porém, que a confidencialidade não é inerente ao próprio procedimento arbitral, de modo que depende de estipulação pelas partes.

Nesse ponto, destacamos as ponderações feitas pelo DESEMBARGADOR ARALDO TELLES no agravo de instrumento n. 2171492-02.2018.8.26.0000:

> *Quanto à alegação de que a confidencialidade é inerente ao próprio procedimento arbitral, destaca-se, do parecer da Procuradora de Justiça oficiante, que não há prova da existência de acordo ou de cláusula de confidencialidade, o que é condição indispensável à decretação do segredo*

> *de justiça na arbitragem, à luz do que dispõe o artigo 189, IV, do CPC.*[6]

Na mesma linha, a jurisprudência do Superior Tribunal de Justiça também tem admitido a preservação do segredo de justiça nas hipóteses em que se comprovar a confidencialidade da arbitragem:

> *RECURSO ESPECIAL. PREQUESTIONAMENTO. AUSÊNCIA. SÚM. 282/STF. AÇÃO DE EXECUÇÃO DE TÍTULO EXTRAJUDICIAL. PENHORA DE DIREITO LITIGIOSO NO ROSTO DOS AUTOS. ATO DE AVERBAÇÃO. PROCEDIMENTO DE ARBITRAGEM. POSSIBILIDADE. CONFIDENCIALIDADE. PRESERVAÇÃO. ORDEM DE PREFERÊNCIA DA PENHORA. EXCESSIVA ONEROSIDADE NÃO DEMONSTRADA. JULGAMENTO: CPC/15. (...) 10. Dentre as mencionadas peculiaridades, está a preservação da confidencialidade estipulada na arbitragem, à que alude a recorrente e da qual não descurou a Lei 9.307/96, ao prever, no parágrafo único do art. 22-C, que o juízo estatal observará, nessas circunstâncias, o segredo de justiça.*[7]

Entretanto, sobre a previsão contida no art. 189, IV, do Código de Processo Civil de 2015, cumpre anotar a existência de corrente jurisprudencial minoritária,[8] capitaneada por decisões das Varas Empresariais e de Conflitos Relacionados à Arbitragem da Capital

---

6 TJSP, Agravo de instrumento n. 2171492-02.2018.8.26.0000, Relator Desembargador ARALDO TELLES, 2ª Câmara Reservada de Direito Empresarial, j. 24/09/19.

7 STJ, REsp n. 1.678.224/SP, Rel. Min. Nancy Andrighi, 3ª Turma, j. 09.05.2019.

8 Em levantamento jurisprudencial aprofundado sobre o tema, ANA OLÍVIA ANTUNES HADDAD, analisando o teor das decisões proferidas pelas Varas Empresariais e de Conflitos Relacionados à Arbitragem da Capital de São Paulo destaca que "*os tribunais têm aplicado de forma consistente o previsto no art. 189, IV, do CPC. Portanto, é possível afirmar que se trata de*

de São Paulo, afastando a aplicação do referido dispositivo, sob o argumento de que a restrição da publicidade somente pode se dar nas hipóteses de defesa da intimidade ou do interesse social, o que não estaria configurado nos casos que versem sobre arbitragem.

Confira-se abaixo alguns trechos da fundamentação utilizada para tanto:

> *(...) a inovação introduzida pela Lei n. 13.105/2015 é incompatível com os artigos 5º, LX, e 93, IX, da Constituição Federal (...) Como se observa, a regra é a publicidade, que apenas pode ser restringida para salvaguardar a intimidade ou o interesse social. (...) Assim, a opção da Constituição é por privilegiar a publicidade dos atos processuais, o que apenas pode ser restringido em hipóteses excepcionais, quando haja risco à intimidade e ao interesse social, repita-se. Outrossim, tratando-se de regra restritiva de direitos (a possibilidade de a lei limitar a publicidade dos atos processuais), por hermenêutica, sua interpretação deve necessariamente ser restritiva. Caso assim não fosse, estar-se-ia admitindo que o legislador infraconstitucional poderia ampliar as restrições de direitos estabelecidas pela Constituição, diminuindo, por consequência, a proteção de direitos tidos (pelo próprio constituinte) como de maior valia. Nesse sentido, os incisos I, II e III, do art. 189 do CPC instrumentalizam de forma restritiva a exceção autorizada pelos arts. 5º, LX, e 93, IX, da CF, o que não é observado no inciso IV, que amplia o segredo para além da intimidade e do interesse social, visando proteger interesses estritamente particulares. Ora, o art. 189, IV, do CPC prestigia interesses puramente privados, destacando, por um lado, o interesse do tribunal arbitral, que por razões próprias estabeleceu genericamente o sigilo dos seus procedimentos e, por outro, o interesse das partes envolvidas no litígio, que preferem manter a controvérsia em segredo (...). Mais ainda, há que*

---

entendimento minoritário". (HADDAD, Ana Olívia Antunes. *Transparência no Processo Arbitral*. São Paulo: Almedina, 2021, p. 53).

se reconhecer que a regra em questão é contrária ao interesse social. É que o objetivo da jurisdição é a pacificação social, o que, em muito, decorre da segurança e previsibilidade geradas pelas decisões reiteradas do Poder Judiciário, consolidando precedentes e formando jurisprudência. Na contramão, o art. 189, IV, do CPC possibilita que as orientações do Poder Judiciário sejam conhecidas apenas por poucos advogados e poucos julgadores, sendo desconhecidas pelo jurisdicionado. Aliás, o novo Código de Processo Civil prestigia a segurança e a previsibilidade, fortalecendo a influência dos precedentes e da jurisprudência. Tal fato é agravado em razão de os procedimentos arbitrais, via de regra, tramitarem em segredo de justiça. Portanto, além dos arts. 5°, LX, e 93, IX, da CF não autorizarem a restrição à publicidade criada pelo art. 189, IV, do CPC (uma vez que atende interesses puramente particulares e não condiz com o interesse social), a regra em questão é nociva ao sistema jurídico, por provocar assimetria de informações e obstar a formação do direito (consolidação dos precedentes e da jurisprudência). Ademais, tal restrição à publicidade obsta o conhecimento e o controle social sobre temas relevantíssimos, inclusive por pessoas relacionadas de forma direta ou indireta com o litígio (como, por exemplo, os acionistas de companhias abertas), em razão da absoluta falta de acesso aos processos e aos provimentos jurisdicionais, seguido pela absoluta falta de acesso aos procedimentos arbitrais. Por consequência, há evidente prejuízo à tomada de decisões por pessoas que desconhecem a forma pela qual as normas abstratas são concretizadas, o que, ademais, sem razoabilidade, gera situação favorável aos pouquíssimos que têm acesso às informações socialmente tão relevantes. Diante do exposto, indefiro a tramitação do processo em segredo de justiça, ao menos com fundamento na aplicação automática do art. 189, IV, do CPC, reputando-o inconstitucional. Levante-se.[9]

---

9 Decisão proferida pelo Dr. LUIS FELIPE BEDENDI, MM. Juiz de Direito da 2ª Vara Empresarial e de Conflitos Relacionados à Arbitragem da Capital de São Paulo, nos autos do Processo n. 1086460-32.2021.8.26.0100.

No âmbito das Câmaras Reservadas de Direito Empresarial do e. TJSP o tema também é controvertido.

Conforme destacado pelo DESEMBARGADOR ALEXANDRE LAZZARINI em recente julgado,

> *o entendimento desta 1ª Câmara Reservada de Direito Empresarial na questão do segredo de justiça, mesmo envolvendo a tutela cautelar pré-arbitral, é que tal restrição à publicidade do processo judicial não pode prevalecer.*[10]

Nesse sentido, citamos, por todos, trecho de voto prolatado pelo DESEMBARGADOR CESAR CIAMPOLINI:

> *Rejeito o pedido de tramitação em segredo de justiça, posto que a regra que vige em nosso sistema é a da plena publicidade dos atos processuais, conforme se depreende dos arts. 5º, LX e 93, IX, da Constituição Feder al. (...) Por essa razão, qualquer norma infraconstitucional que limite a aplicabilidade da regra geral de publicidade, como o faz o art. 189 do CPC, deve ser interpretada restritivamente. Nesse sentido, veja-se precedente desta 1ª Câmara Reservada de Direito Empresarial, sob minha relatoria, em ação anulatória de sentença arbitral: "(...) Segredo de justiça. A regra do sistema é publicidade dos atos processuais, de acordo com os arts. 5º, LX, e 93, IX, da Constituição Federal. A luz do sol, como afirmado pelo Justice LOUIS BLANDEIS, é o melhor detergente, faz bem à administração da Justiça. A generalizada imposição de segredo nos juízos arbitrais, contrariamente ao que sucede nos processos e julgamentos do Poder Judiciário, "é nociva ao sistema jurídico, por provocar assimetria de informações e obstar a formação do direito (consolidação*

10 TJSP, Agravo de instrumento n. 2193571-67.2021.8.26.0000, Relator Desembargador ALEXANDRE LAZZARINI, 1ª Câmara Reservada de Direito Empresarial, j. 09/03/22.

> *dos precedentes e da jurisprudência)", afirma muito corretamente a decisão agravada, da lavra da Juíza de Direito PAULA DA ROCHA E SILVA FORMOSO. Os jurisdicionados têm o direito de conhecer a jurisprudência; os empresários, especificamente, o de antever, pela coerência que sempre se espera dos que têm a nobre missão de julgar, o provável resultado dos veredictos, levando-o em consideração ao celebrar negócios mercantis* (...)" AI 2263639-76.2020.8.26.0000. *Ainda na jurisprudência da Câmara, acerca da necessária publicidade dos atos processuais, salvo casos excepcionais: Ap. 2098359-19.2021.8.26.0000, FORTES BARBOSA; AI 2040315-07.2021.8.26.0000, J.B. FRANCO DE GODOI; Ap. º 1007114-37.2018.8.26.0100, ALEXANDRE LAZZARINI; 2083635-78.2019.8.26.0000, AZUMA NISHI. (...) Dessa forma, diante da inexistência de interesse público ou social a ser protegido, ou de violação à esfera íntima das partes, não há que se falar, no caso concreto, em segredo de justiça. De mais a mais, ao contrário, é de toda a conveniência, é de real interesse público, dar-se publicidade às relevantes questões que se discutem na presente demanda.*[11]

Em suma, a posição da 1ª Câmara Reservada de Direito Empresarial[12] é no sentido de que não basta a previsão de confidencialidade para que o processo tramite em segredo de justiça. É necessário, também, a comprovação de perigo de vulneração à intimidade, que no caso de litígios empresariais poderiam ser informações sensíveis quanto ao desenvolvimento de determinada atividade empresarial *know how*, informações estratégicas, etc.

---

11 TJSP, Apelação n. 2171492-02.2018.8.26.0000, Relator Desembargador CESAR CIAMPOLINI, 1ª Câmara Reservada de Direito Empresarial, j. 30/06/21.

12 TJSP, Agravo de instrumento n. 2098359-19.2021.8.26.0000, Relator Desembargador FORTES BARBOSA, 1ª Câmara Reservada de Direito Empresarial, j. 14/06/21.

Por sua vez, a 2ª Câmara Reservada de Direito Empresarial entende pela possibilidade de trâmite em segredo de justiça, desde que as partes comprovem a previsão de confidencialidade da arbitragem, nos termos do art. 189, IV, do Código de Processo Civil de 2015. Confira-se:

> *Com a devida vênia do entendimento manifestado pelo i. juízo de primeiro grau, este Relator não divisa inconstitucionalidade no art. 189, IV, do CPC. No entendimento deste Relator, há interesse social, que pode justificar a opção do legislador por excepcionar, em alguns casos, a regra constitucional da publicidade, no fomento de negócios realizados no Brasil e na atração de investimentos para o país. A possibilidade de escolha da arbitragem como meio de resolução de litígios e a confidencialidade que se lhe pode atribuir, extensível aos processos judiciais que sobre ela versem, são elementos importantes para muitos investidores. Ademais, não se está a tratar de caso envolvendo interesse coletivo, em relação ao qual, ao interesse de alguns na confidencialidade, se contraporia o interesse de outros na publicidade, notadamente para fim de tutela e garantia dos próprios direitos, como seria o caso de litígio envolvendo companhia aberta. O regulamento de arbitragem da Câmara FGV, eleita pelas partes, que rege o procedimento arbitral no caso, prevê que a arbitragem será sigilosa. Destarte, o caso atende ao disposto no inciso IV do art. 189 do CPC.*[13]

Como se depreende da qualidade dos excertos transcritos acima, mesmo após as inovações introduzidas pelo Código de Processo Civil de 2015 e pela Lei n. 13.129/2015, a questão da confidencialidade na arbitragem e do trâmite dos processos em segredo de justiça continua a suscitar debates.

---

13 TJSP, Agravo de instrumento n. 2114763-14.2022.8.26.0000, Relator Desembargador GRAVA BRAZIL, 2ª Câmara Reservada de Direito Empresarial, j. 27/06/22.

A posição adotada pela 2ª Câmara Reservada de Direito Empresarial parece atender mais objetivamente à intenção do legislador ao editar os artigos 22-C, parágrafo único, da Lei de Arbitragem e 189, IV, do Código de Processo Civil de 2015.

A respeito da constitucionalidade, lembre-se que, não obstante a Constituição Federal estabeleça como regra a publicidade dos atos processuais (art. 5º, LX e art. 93, IX), ALEXANDRE DE MORAES anota que se trata de "*mandamento constitucional de eficácia contida, pois se possibilita a edição de lei ordinária que, excepcionalmente, nas hipóteses de defesa da intimidade ou do interesse social, a restrinja*".[14]

Nessa linha, o Conselho da Justiça Federal, em sua II Jornada Prevenção e Solução Extrajudicial de Litígios, editou o Enunciado n. 99, que dispõe:

> *O art. 189, IV, do Código de Processo Civil é constitucional, devendo o juiz decretar segredo de justiça em processos judiciais que versem sobre arbitragem, desde que a confidencialidade estipulada na arbitragem seja comprovada perante o juízo.*

A justificativa para a edição do referido enunciado foi a seguinte:

> *A confidencialidade é normalmente citada como um dos atrativos para a escolha da arbitragem, na medida em que propicia a solução dos conflitos de modo privado e reservado. Ela não é obrigatória na Lei de Arbitragem, mas pode ser contratada pelas Partes e consta dos regulamentos de várias instituições arbitrais, salvo nos casos envolvendo a Administração Pública, que devem respeitar o princípio*

14 MORAES, Alexandre de. *Constituição do Brasil interpretada e legislação constitucional*. São Paulo: Atlas, 2007, p. 347.

> *da publicidade (do art. 2º, § 3º, da Lei n. 9.307/1996). O sigilo da arbitragem permite a proteção da privacidade dos envolvidos, de segredos e estratégias comerciais, ajuda a proteger a reputação das empresas e pessoas, e pode colaborar com a redução da litigiosidade entre as partes. Justamente reconhecendo a relevância da confidencialidade das arbitragens, o CPC/2015 passou a permitir, no inciso IV do art. 189, a tramitação em segredo de justiça de ações relativas a arbitragens confidenciais, desde que comprovada em juízo a contratação da confidencialidade. Assim, a eventual necessidade de recorrer a juízo deixou de significar a publicidade necessária do caso, estendendo à fase judicial aquelas vantagens da confidencialidade da arbitragem. Algumas decisões recentes do Judiciário, porém, vêm afirmando que tal dispositivo do CPC seria inconstitucional, por violar o princípio da publicidade dos processos judiciais. A Constituição, ao prever a publicidade dos atos processuais, o faz como regra geral, mas admite que possa haver a criação de hipóteses de segredo de justiça. Ora, os valores protegidos pelo sigilo no CPC também têm dimensão constitucional, como a privacidade, a livre inciativa etc.*[15]

E esses também foram os fundamentos que levaram a 2ª Câmara Reservada de Direito Empresarial a entender pela possibilidade de trâmite em segredo de justiça, pois conforme bem destacado pelo DESEMBARGADOR GRAVA BRAZIL, na hipótese discutida "*há interesse social, que pode justificar a opção do legislador por excepcionar, em alguns casos, a regra constitucional da publicidade, no fomento de negócios realizados no Brasil e na atração de investimentos para o país*", de modo que, muitas vezes, a escolha da arbitragem como meio de resolução de conflitos vê

15 JUSTIÇA FEDERAL. "II Jornada Prevenção e solução extrajudicial de litígios: Enunciados Aprovados". *Centro de Estudos Judiciários*, 2021, p. 13. Disponível em: https://www.cjf.jus.br/cjf/corregedoria-da-justica-federal/centro-de-estudos-judiciarios-1/prevencao-e-solucao-extrajudicial-de-litigios. Acessado em: 15.05.2025.

na confidencialidade um importante atributo, a qual, por força dos dispositivos legais mencionados acima é também extensível aos processos judiciais que sobre ela versem.

O acórdão relatado pelo DESEMBARGADOR GRAVA BRAZIL ressalvou, com pertinência, que o caso *sub judice* não versava sobre

> *interesse coletivo, em relação ao qual, ao interesse de alguns na confidencialidade, se contraporia o interesse de outros na publicidade, notadamente para fim de tutela e garantia dos próprios direitos, como seria o caso de litígio envolvendo companhia aberta.*

Essa premissa é relevantíssima, pois, a confidencialidade da arbitragem não pode ser considerada absoluta a ponto de impedir que terceiros, legitimamente interessados, obtenham cópias dos autos para se informar, e, eventualmente, adotar as medidas de direito que entendam cabíveis.[16]

Não por outra razão, os próprios regulamentos de determinadas Câmaras de Arbitragem costumam prever os casos de relativização do sigilo do procedimento arbitral,[17] tais como, as hipóteses previstas

---

16 Sobre o tema, recomenda-se a leitura da Resolução n. 80 da Comissão de Valores Mobiliários, editada em 29.03.2022, que, dentre outras determinações, impõe às companhias abertas, "*a comunicação sobre demandas societárias, nos termos e prazos estabelecidos no Anexo I*", de modo a relativizar a confidencialidade das demandas societárias no âmbito do mercado de capitais, em prol de um maior fluxo de informações aos investidores.

17 A título exemplificativo, o regulamento do Centro de Arbitragem e Mediação da CCBC traz, em seu art. 14.1, exceções à regra de sigilo: "*14.1. O procedimento arbitral é sigiloso, ressalvadas as hipóteses previstas em lei ou por acordo expresso das partes ou diante da necessidade de proteção de direito de parte envolvida na arbitragem*". Já o regulamento da Câmara do Mercado da B3 dispõe: "*9.1 Sigilo. O procedimento arbitral é sigiloso, devendo as partes, árbitros e membros da Câmara de Arbitragem abster-se de divulgar*

em lei ou nas normas dos órgãos reguladores, pelo acordo expresso das partes, por decisão judicial em sentido contrário.

A propósito, SELMA FERREIRA LEMES e INES BALBINO destacam que as partes de uma arbitragem, diante de um pedido judicial de informações que recaia sobre dados, documentos ou decisões relativas a determinado procedimento arbitral, não podem se recusar a prestar informações ao Poder Judiciário, sob a simples alegação de que tais informações concernem a um procedimento arbitral confidencial. Confira-se:

> *A parte também pode se deparar com um pedido judicial de informações que recaia sobre dados, documentos ou decisões relativas a um determinado procedimento arbitral, cobertos pelo dever de confidencialidade. Neste caso, haverá e obedecer ao dever de colaborar com a Justiça, que nada mais representa do que um dever legal de informar. Vários são os dispositivos do Código de Processo Civil, que preveem tal dever. O artigo 339 do CPC prescreve, como princípio geral, que "ninguém se exime do dever de colaborar com o Poder Judiciário para o descobrimento da verdade". Já o artigo 341 do mesmo CPC prevê que "compete ao terceiro, em relação a qualquer pleito: I - informar ao juiz os fatos e as circunstâncias, de que tenha conhecimento; e II - exibir coisa ou documento que esteja em seu poder". Todavia, dentre essas hipóteses não se insere o simples dever contratual de confidencialidade, de modo que, a princípio, a parte num procedimento arbitral não pode se recusar a prestar informações concernem a uma arbitragem confidencial em curso ou já encerrada.*[18]

---

informações sobre seu conteúdo, exceto em cumprimento a normas dos órgãos reguladores, ou previsão legal".

18 LEMES, Selma Ferreira. *Arbitragem*: temas contemporâneos. São Paulo: Quartier Latin, 2012, p. 430.

Portanto, na linha do quanto decido no agravo de instrumento n. 2171492-02.2018.8.26.0000, relatado DESEMBARGADOR ARALDO TELLES, é plenamente possível a tramitação em segredo de justiça dos processos relacionados às arbitragens em que se comprove a estipulação de confidencialidade, nos termos dos artigos 22-C, parágrafo único, da Lei de Arbitragem e 189, IV, do Código de Processo Civil de 2015.

Todavia, tal entendimento deve ser temperado nos casos que versem sobre interesse coletivo, pois, "*ao interesse de alguns na confidencialidade, se contraporia o interesse de outros na publicidade, notadamente para fim de tutela e garantia dos próprios direitos*", conforme muito bem ressaltado pela 2ª Câmara Reservada de Direito Empresarial do e. TJSP no âmbito do agravo de instrumento n. 2114763-14.2022.8.26.0000.

2 O sigilo arbitral sob a ótica da transparência na recuperação judicial

Estabelecida a premissa de que a confidencialidade da arbitragem não pode ser tratada como um dogma, a fim de se evitar que o sigilo desses procedimentos impeça a tutela e garantia de direitos dos interessados em conhecer informações e decisões neles constantes, é hora de analisar a questão sob a ótica do princípio da transparência na recuperação judicial.

Imagine-se o exemplo de uma sociedade esteja participando de uma arbitragem confidencial e peça recuperação judicial, ou que, já no curso do processo de recuperação, passe a figurar numa arbitragem (seja como requerida ou requerente, pouco importa). Haveria o dever de confidencialidade por parte da recuperanda? Poderiam os credores, ou até mesmo o administrador judicial, pleitear o acesso às informações decorrentes desses procedimentos arbitrais sigilosos?

A questão é interessante e merece reflexão.

Embora o legislador tenha permitido a tramitação em segredo de justiça dos processos relacionados às arbitragens em que se comprove a estipulação de confidencialidade, é forçoso convir que a faculdade deve ser vista com cautela nos casos que versem sobre interesse coletivo.

É o caso dos credores de uma empresa em recuperação judicial que seja parte numa arbitragem confidencial, por terem nítido interesse em conhecer informações relativas à situação patrimonial da recuperanda.

O interesse em ter ciência de informações que podem influenciar sua esfera patrimonial individual decorre do fato de que os credores figuram como sujeitos processuais na recuperação judicial, tal como já decidiu a 2ª Câmara Reservada de Direito Empresarial do e. TJSP:

> *Não há como negar que os credores sejam, na recuperação judicial, sujeitos processuais. Podem não ser a parte principal, papel restrito à(s) devedora(s) recuperanda(s), mas são sem dúvida parte, diretamente afetados pelos efeitos do provimento jurisdicional daí emergente e integrados ao contraditório travado nos autos, nesse sentido habilitados a intervir na defesa de seus interesses e na fiscalização do andamento da recuperação.*[19]
>
> *Tratando-se de medida de recuperação de empresas com plano a ser realizado e aprovado pelos credores, justamente porque estarão sujeitos à tal medida, resta evidenciado que todos os documentos que são necessários para a obtenção de tal requerimento, devem ser apresentados aos credores, pois são justamente estes os principais interessados no caminhar*

19 TJSP, Agravo de instrumento n. 2023231-66.2016.8.26.0000, Relator Desembargador FABIO TABOSA, 2ª Câmara Reservada de Direito Empresarial, j. 15/08/16.

> *da demanda de recuperação judicial, o que inclusive vai ao encontro do que dispõe o § 1° do art. 189 do CPC/15.*[20]

Ao argumento de que os credores da recuperanda são terceiros legitimamente interessados em conhecer as informações constantes numa arbitragem confidencial, soma-se o fato de que uma das pedras de toque que deve reger o instituto da recuperação judicial é o princípio da transparência, sem o qual os interessados não poderiam ter acesso às informações necessárias para defender seus interesses.

Sobre o valor das informações nos processos de recuperação judicial, oportuno citar as lições de SHEILA CHRISTINA NEDER CEREZETTI e EMANUELLE URBANO MAFFIOLETTI:

> *O acesso à informação é, portanto, mecanismo que permite que o agente informado defenda seus interesses e tome suas decisões com segurança. Ele beneficia não somente aqueles que obtêm a informação, mas o mercado como um todo, na medida em que permite a adequada avaliação acerca de cada um dos agentes, evitando que a incerteza provoque disseminação da desconfiança. A divulgação de dados não é, assim, um objetivo em si mesmo, mas um meio para que se alcance a finalidade da tomada de decisão informada. Trata-se, portanto, de um direito instrumental para a satisfação de outros direitos. (...) Se, no mercado de capitais, as partes precisam necessariamente estar informadas para tomar decisão, também em processos de recuperação e falência, deve ser garantido um nível mínimo de informações aos agentes aos quais se atribui o direito de se pronunciar*

---

20 TJSP, Agravo de instrumento n. 2248055-03.2019.8.26.0000, Relator Desembargador RICARDO NEGRÃO, 2ª Câmara Reservada de Direito Empresarial, j. 01/06/20.

> *sobre o mecanismo a ser utilizado para lidar com a crise empresarial do devedor.*[21]

Registre-se que, alinhado ao dever de a recuperanda disponibilizar as informações relativas às arbitragens que possam afetar os interesses dos credores, deve estar o compromisso dos credores em avaliar detidamente o que lhes for disponibilizado, tal como adverte ALEXANDRE LAZZARINI:

> *É importante que a empresa devedora seja transparente e que os credores tenham (a) a capacidade técnica de avaliar as informações constantes no processo de recuperação judicial, (b) bem como o conhecimento do mercado de atuação da empresa em crise. Assim, com a conjugação dos fatores envolvidos, esses credores devem assumir, de maneira consciente, o risco de aprovar ou não o plano de recuperação judicial, modificando o valor de seus créditos (com redução nominal de valores ou alongamento da dívida, ou ambos, por exemplo).*[22]

Assim, considerando o princípio da transparência na recuperação judicial e o legítimo interesse dos credores e do administrador judicial em pleitear o acesso às informações decorrentes desses procedimentos arbitrais sigilosos, parece clara a necessidade de mitigação da confidencialidade para que se garanta aos credores a tomada de decisões informadas na defesa de seus interesses.

---

21 GARCIA, Ricardo Lupion (Coord.). *10 anos da lei de falências e recuperação judicial de empresas*: inovações, desafios e perspectivas. Porto Alegre: Editora Fi, 2016, pp. 382-384.

22 LAZZARINI, Alexandre Alves. "Reflexões sobre a recuperação judicial de empresas". *In*: LUCCA, Newton de; DOMINGUES, Alessandra de Azevedo (Coord.). *Direito recuperacional*: aspectos teóricos e práticos. São Paulo: Quartier Latin, 2009, p. 128.

Cabe aos credores, entretanto, demonstrar que as informações os afetam, para que tenham legitimidade para solicitar acesso a elas. A esse respeito THIAGO DIAS DELFINO CABRAL destaca algumas hipóteses em que deve haver a mitigação do sigilo arbitral em *prol* do princípio da transparência na recuperação judicial:

> *(i) no momento do pedido de recuperação judicial; (ii) se uma arbitragem surgir durante o procedimento recuperacional; (iii) se houver requisição do administrador judicial; (iv) caso o plano de recuperação judicial estipule que determinados credores sejam pagos por meio de crédito oriundo de procedimento arbitral; e (v) quando houver fato grave informado durante a cooperação entre o juízo arbitral e o juízo recuperacional.*[23]

Por fim, é necessário refletir sobre a melhor forma de disponibilizar as informações decorrentes de uma arbitragem confidencial aos credores de uma empresa em recuperação judicial.

Tal como destacado pelo DESEMBARGADOR ARALDO TELLES no agravo de instrumento n. 2171492-02.2018.8.26.0000, a forma mais adequada é abertura de um incidente na recuperação judicial, que tramitará em segredo de justiça, permitindo, assim, que os credores cadastrados nos autos principais tenham conhecimento das questões atinentes à arbitragem. Confira-se:

> *Afirma-se, primeiro, que o i. magistrado não indeferiu o segredo de justiça, tanto que determinou a exibição dos documentos em incidente apartado, afirmando, ao rejeitar os embargos de declaração das recuperandas, que terão acesso a ele apenas os credores cujos advogados estiverem cadastrados nos autos. Terceiros não interessados no processo*

---

23 CABRAL, Thiago Dias Delfino. "A Mitigação da Confidencialidade da Arbitragem na Recuperação Judicial". *Revista Brasileira de Arbitragem*, São Paulo, vol. 15, nº 57, jan./mar. 2018, p. 231.

> *de recuperação judicial não terão acesso às informações constantes dos procedimentos arbitrais. E agiu corretamente, pois o segredo de justiça não deve afetar as partes integrantes do processo e regularmente cadastradas, como, na hipótese, os credores. O segredo de justiça afeta terceiros.*[24]

Verifica-se, assim, uma importante valorização do princípio da transparência na recuperação judicial na jurisprudência das Câmaras Reservadas de Direito Empresarial, que, ao mesmo tempo, leva em conta os efeitos da quebra indiscriminada da confidencialidade da arbitragem.

Essa é realmente a solução que melhor concilia a inerente contraposição de interesses entre aqueles que defendem a necessidade da confidencialidade (imagine-se, por exemplo, o risco da parte que está litigando contra uma sociedade em recuperação judicial de ter suas informações sigilosas divulgadas indiscriminadamente no âmbito de um processo público) e os credores que buscam a publicização de informações da recuperanda constantes numa arbitragem confidencial, a fim de que possam adotar as medidas necessárias à defesa de seus direitos.

Conclusão

À luz das considerações acima, conclui-se que o objetivo do legislador ao editar o art. 189, IV, do Código de Processo Civil de 2015 e o art. 22-C, parágrafo único, da Lei de Arbitragem foi prestigiar o sigilo das medidas de apoio à arbitragem no Poder Judiciário, reconhecendo, porém, que a confidencialidade não é inerente ao próprio procedimento arbitral, de modo que a sua observância depende de estipulação pelas partes.

---

24 TJSP, Agravo de instrumento n. 2171492-02.2018.8.26.0000, Relator Desembargador ARALDO TELLES, 2ª Câmara Reservada de Direito Empresarial, j. 24/09/19.

Entretanto, sobre a previsão contida no art. 189, IV, do Código de Processo Civil de 2015, cumpre anotar a existência de corrente jurisprudencial minoritária, com origem nas decisões das Varas Empresariais e de Conflitos Relacionados à Arbitragem da Capital de São Paulo, afastando a aplicação do referido dispositivo, sob o argumento de que a restrição da publicidade somente pode se dar nas hipóteses de defesa da intimidade ou do interesse social, o que não estaria configurado nos casos que versem sobre arbitragem.

Essa linha também é adotada pela 1ª Câmara Reservada de Direito Empresarial do e. TJSP, que entende que a restrição à publicidade do processo judicial não pode prevalecer mesmo nos casos envolvendo a tutela cautelar pré-arbitral.[25]

Já a 2ª Câmara Reservada de Direito Empresarial, seguindo a corrente jurisprudencial majoritária (nos termos do Enunciado n. 99 da II Jornada Prevenção e Solução Extrajudicial de Litígios do Conselho da Justiça Federal) entende pela possibilidade de trâmite em segredo de justiça, desde que as partes comprovem a previsão de confidencialidade da arbitragem, nos termos do art. 189, IV, do Código de Processo Civil de 2015, pois, há interesse social que justifica "*a opção do legislador por excepcionar, em alguns casos, a regra constitucional da publicidade, no fomento de negócios realizados no Brasil e na atração de investimentos para o país*".[26]

É a linha do que decidido pelo DESEMBARGADOR ARALDO TELLES no agravo de instrumento n. 2171492-02.2018.8.26.0000, no sentido de ser possível a tramitação em segredo de justiça dos

---

25 TJSP, Agravo de instrumento n. 2193571-67.2021.8.26.0000, Relator Desembargador ALEXANDRE LAZZARINI, 1ª Câmara Reservada de Direito Empresarial, j. 09/03/22.

26 TJSP, Agravo de instrumento n. 2114763-14.2022.8.26.0000, Relator Desembargador GRAVA BRAZIL, 2ª Câmara Reservada de Direito Empresarial, j. 27/06/22.

processos relacionados às arbitragens em que se comprove a estipulação de confidencialidade.

Todavia, esse entendimento deve ser temperado nos casos que versem sobre interesse coletivo, uma vez que "*ao interesse de alguns na confidencialidade, se contraporia o interesse de outros na publicidade, notadamente para fim de tutela e garantia dos próprios direitos*", conforme ressaltado pela 2ª Câmara Reservada de Direito Empresarial do e. TJSP no âmbito do agravo de instrumento n. 2114763-14.2022.8.26.0000.

Assim, em que pese o legislador tenha permitido a tramitação em segredo de justiça dos processos relacionados às arbitragens em que se comprove a estipulação de confidencialidade, em determinadas hipóteses é necessário que se relativize o sigilo, em defesa do direito de terceiros interessados.

É o caso dos credores de uma empresa em recuperação judicial e que seja parte numa arbitragem confidencial, por terem nítido interesse em conhecer informações relativas à situação patrimonial da recuperanda.

Nessa hipótese, considerando o princípio da transparência na recuperação judicial e o legítimo interesse dos credores e do administrador judicial em pleitear o acesso às informações decorrentes desses procedimentos arbitrais sigilosos, parece clara a necessidade de mitigação da confidencialidade para que se garanta aos credores a tomada de decisões informadas.

Por fim, em relação à forma de disponibilizar as informações, um caminho bem viável é a abertura de um incidente na recuperação judicial, que tramitará em segredo de justiça, permitindo, assim, que os credores cadastrados nos autos principais tenham conhecimento das questões atinentes à arbitragem, tal como destacado pelo saudoso DESEMBARGADOR ARALDO TELLES no agravo de instrumento n. 2171492-02.2018.8.26.0000.

Concilia-se, assim, a inerente contraposição de interesses entre aqueles que defendem a necessidade da confidencialidade e os credores que buscam a publicização de informações da recuperanda constantes numa arbitragem confidencial, a fim de que possam defender seus interesses.

Em suma, conforme demonstrado ao longo do artigo, a qualidade da fundamentação de ambas as posições demonstra que mesmo após as inovações introduzidas pelo Código de Processo Civil de 2015 e pela Lei n. 13.129/2015, a questão da confidencialidade na arbitragem e o trâmite dos processos em segredo de justiça continua a suscitar debates.

É provável, no entanto, que prevaleça a posição majoritária em defesa da tramitação em segredo de justiça por se ajustar mais, no tocante à literalidade, aos objetivos do legislador quando editou os artigos 22-C, parágrafo único, da Lei de Arbitragem e 189, IV, do Código de Processo Civil de 2015. De qualquer forma, o ideal seria que o Grupo de Câmaras Empresariais do e. TJSP pudesse uniformizar a jurisprudência para evitar a insegurança jurídica com relação a esse importante tema.

Referências bibliográficas

BALBINO, Ines; LEMES, Selma Ferreira. *Arbitragem*: temas contemporâneos. São Paulo: Quartier Latin, 2012.

CABRAL, Thiago Dias Delfino. "A Mitigação da Confidencialidade da Arbitragem na Recuperação Judicial". *Revista Brasileira de Arbitragem*, São Paulo, vol. 15, nº 57, jan./mar. 2018.

GARCIA, Ricardo Lupion (Coord.). *10 anos da lei de falências e recuperação judicial de empresas*: inovações, desafios e perspectivas. Porto Alegre: Editora Fi, 2016.

FICHTNER, José Antonio; MANNHEIMER, Sérgio; MONTEIRO, André. *Novos temas de arbitragem*. Rio de Janeiro: Editora FGV, 2014.

CARMONA, Carlos Alberto; LEMES, Selma Ferreira; BATISTA, Pedro. *20 anos da Lei de Arbitragem*: homenagem a Petrônio R. Muniz. São Paulo: Atlas, 2017.

HADDAD, Ana Olívia Antunes. *Transparência no Processo Arbitral*. São Paulo: Almedina, 2021.

JUSTIÇA FEDERAL. "II Jornada Prevenção e solução extrajudicial de litígios: Enunciados Aprovados". *Centro de Estudos Judiciários*, 2021. Disponível em: https://www.cjf.jus.br/cjf/corregedoria-da-justica-federal/centro-de-estudos-judiciarios-1/prevencao-e-solucao-extrajudicial-de-litigios. Acessado em: 15.05.2025.

LAZZARINI, Alexandre Alves. "Reflexões sobre a recuperação judicial de empresas". *In*: DE LUCCA, Newton de; DOMINGUES, Alessandra de Azevedo (Coord.). *Direito recuperacional:* aspectos teóricos e práticos. São Paulo: Quartier Latin, 2009.

LEMES, Selma Ferreira. *Arbitragem*: temas contemporâneos. São Paulo: Quartier Latin, 2012.

LEVY, Daniel; PEREIRA, Setoguti Guilherme. *Curso de Arbitragem*. São Paulo: Thomson Reuters, 2018.

MORAES, Alexandre de. *Constituição do Brasil interpretada e legislação constitucional*. São Paulo: Atlas, 2007.

CAPÍTULO II

VIOLAÇÃO À ORDEM PÚBLICA COMO HIPÓTESE DE NÃO HOMOLOGAÇÃO DE SENTENÇAS ARBITRAIS ESTRANGEIRAS

1 Um breve panorama sobre o procedimento de homologação de sentenças arbitrais estrangeiras

O presente artigo versa sobre um tema de alta relevância à garantia de efetividade da jurisdição arbitral internacional: a homologação de sentenças arbitrais estrangeiras. Aqui traçaremos um breve panorama acerca das principais características do procedimento, bem como trataremos de alguns dos aspectos controvertidos envolvendo a violação à ordem pública, hipótese em que a Lei n. 9.307/1996 (Lei de Arbitragem) prevê a rejeição da homologação da sentença arbitral estrangeira.

A Lei de Arbitragem estabelece em seu art. 18 que "*o árbitro é juiz de fato e de direito, e a sentença que proferir não fica sujeita a recurso ou a homologação pelo Poder Judiciário*", de modo que a sentença arbitral proferida em território nacional independe de qualquer homologação judicial para que produza seus efeitos.

Situação diversa ocorre com as sentenças arbitrais proferidas fora do território brasileiro. Essas precisam ser homologadas pelo Poder Judiciário, a partir da ação de homologação de sentença arbitral estrangeira, regulada pelos artigos 34 a 40 da Lei de Arbitragem.

Nas palavras de Pedro A. Batista Martins, o "*ato de homologação abre as portas do território nacional à decisão estrangeira. Chancela a internalização dos efeitos da sentença estrangeira*".[27] Ou seja, garante que a sentença estrangeira se torne eficaz em território brasileiro.

Oportuno lembrar que existem algumas exceções em que se permite que uma decisão estrangeira produza seus efeitos sem a necessidade de submeter-se à homologação pelo Superior Tribunal de Justiça, já que o art. 960, *caput*, do Código de Processo Civil de 2015 (CPC/15), permite que um tratado a dispense. A lei processual também prevê algumas exceções, como no caso do art. 961, § 5º, que dispensa a homologação da sentença estrangeira de divórcio consensual.

Não obstante a existência de tais exceções, Daniel Amorim Assumpção Neves ressalta que

> *essa realidade, entretanto, não é suficiente para afastar a conclusão de que a ação de homologação de decisão estrangeira seja uma ação necessária, porque sempre que a lei exigir a homologação para que tal decisão gere efeitos no Brasil – o que será a regra – as partes não terão outra opção que não pedir a homologação perante o Poder Judiciário. As partes, assim, não podem obter o bem da vida – eficácia*

---

27 MARTINS, Pedro A. Batista. *Apontamentos sobre a Lei de Arbitragem*. Rio de Janeiro: Forense, 2008, p. 382.

> *em território nacional – sem a necessária intervenção do Poder Judiciário, o que, no meu entender, torna essa ação de homologação uma ação constitutiva necessária.*[28]

Considerando o caráter extraordinário das sentenças estrangeiras que não precisam ser submetidas à homologação, veremos, a seguir, as principais disposições dos diplomas legais nacionais que regulam o procedimento de homologação de sentenças arbitrais estrangeiras: da Lei de Arbitragem, do CPC/15, do Regimento Interno do Superior Tribunal de Justiça (RISTJ) e da Lei de Introdução às normas do Direito Brasileiro (LINDB).

No plano internacional de regulação da eficácia de laudos arbitrais, é impositiva a menção à Convenção de Nova Iorque de 1958 (internalizada no Brasil a partir da promulgação do Decreto n. 4.311 de 23/07/2022), editada com o objetivo precípuo de dar a maior efetividade possível às sentenças arbitrais no plano internacional,[29] refletidos em muitos aspectos da Lei de Arbitragem.

Pois bem. Dispõe o art. 34 da Lei de Arbitragem:

> *A sentença arbitral estrangeira será reconhecida ou executada no Brasil de conformidade com os tratados internacionais com eficácia no ordenamento interno e, na sua ausência, estritamente de acordo com os termos desta Lei. Parágrafo único. Considera-se sentença arbitral estrangeira a que tenha sido proferida fora do território nacional.*

Por sua vez, o art. 35 da Lei de Arbitragem faz menção ao órgão do Poder Judiciário a que compete proceder com as

---

28 NEVES, Daniel Amorim Assumpção. *Código de processo civil comentado*. 6ª ed. rev. e atual. São Paulo: Jus Podivum, 2021, p. 1669.

29 ABBUD, André. “Homologação de Sentenças Arbitrais Estrangeiras”. *In*: LEVY, Daniel; PEREIRA, Guilherme Setoguti. *Curso de Arbitragem*. São Paulo: Thompson Reuters Brasil, 2018, pp. 463-466.

homologações das sentenças arbitrais estrangeiras: "*Art. 35. Para ser reconhecida ou executada no Brasil, a sentença arbitral estrangeira está sujeita, unicamente, à homologação do Superior Tribunal de Justiça*". Referida competência foi estabelecida por meio da Emenda Constitucional n. 45/2004, que deslocou a competência do Supremo Tribunal Federal para o Superior Tribunal de Justiça, no que diz respeito ao procedimento de homologação de sentença estrangeiras, nos termos do art. 105, inciso I, alínea "i", da Constituição Federal.

Vale ressaltar a importância da expressão "unicamente" prevista no art. 35 da Lei de Arbitragem. Tal expressão encerrou uma importante dúvida acerca da necessidade de uma sentença arbitral estrangeira apenas ser executada no Brasil depois de homologada pelo Poder Judiciário do próprio país em que fora prolatada (teoria do *double exequatur*).[30] De modo que foi acertada a opção feita pelo legislador ao adotar a expressão "unicamente", para deixar claro que o ultrapassado sistema de dupla homologação não foi acolhido pela lei brasileira.

Na sequência, o art. 36 da Lei de Arbitragem estabelece que "*aplica-se à homologação para reconhecimento ou execução de sentença arbitral estrangeira, no que couber, o disposto nos arts. 483 e 484 do Código de Processo Civil*". A referência em questão abarca dispositivos do CPC de 1973, sendo que com a edição do CPC/2015, seus correspondentes encontram-se nos artigos 960 a 965, que cuidam sobre "*da homologação de decisão estrangeira e da concessão do exequatur à carta rogatória*".

Os artigos 960 a 965 do CPC/15, regulam de forma bastante detalhada o procedimento de homologação das decisões estrangeiras, sendo importante destacar para o presente trabalho, o art. 963 do CPC/2015, que dispõe sobre os requisitos indispensáveis

---

30 CARMONA, Carlos Alberto. *Arbitragem e processo*: um comentário à Lei n. 9.307/96. 3ª ed. São Paulo: Atlas, 2009, p. 347.

à homologação da decisão estrangeira, sem os quais não se pode proceder com o procedimento de homologação.

Ainda regulamentando a homologação de sentenças arbitrais estrangeiras, o art. 37 da Lei de Arbitragem dispõe que o procedimento: (i) deverá ser requerido pela parte interessada; (ii) a petição inicial deverá conter as indicações da lei processual, conforme o artigo 319 do CPC; e (iii) ser instruído, necessariamente, com o original da sentença arbitral ou uma cópia devidamente certificada, autenticada pelo consulado brasileiro e acompanhada de tradução oficial, bem como com o original da convenção de arbitragem ou cópia devidamente certificada, acompanhada de tradução oficial.

Por sua vez, os artigos 38 a 40 da Lei de Arbitragem, versam sobre as hipóteses em que será negada a homologação ou execução de sentença arbitral estrangeira.

Em termos procedimentais, é importante anotar que a petição inicial deverá ser endereçada ao/à Ministro(a) Presidente do Superior Tribunal de Justiça, nos termos do art. 216-A do RISTJ.[31] Todavia, caso o pedido seja contestado, o processo será distribuído para julgamento pela Corte Especial, cabendo ao relator os demais atos relativos ao andamento e à instrução do processo, nos termos do art. 216-K do RISTJ.[32]

Porém, é importante destacar que o parágrafo único do art. 216-K do RISTJ, permite que o relator decida monocraticamente

---

31 *Art. 216-A. É atribuição do Presidente do Tribunal homologar decisão estrangeira, ressalvado o disposto no art. 216-K.*

32 *Art. 216-K. Contestado o pedido, o processo será distribuído para julgamento pela Corte Especial, cabendo ao relator os demais atos relativos ao andamento e à instrução do processo.*

Parágrafo único. O relator poderá decidir monocraticamente nas hipóteses em que já houver jurisprudência consolidada da Corte Especial a respeito do tema.

nas hipóteses em que já houver jurisprudência consolidada da Corte Especial a respeito do tema.

Além das disposições referidas acima, prescritas pela Lei de Arbitragem, pelo CPC/15 e pelo RISTJ, é necessário observar também os requisitos presentes nos artigos 15 e 17, ambos da LINDB, quais sejam:

> *Art. 15. Será executada no Brasil a sentença proferida no estrangeiro, que reúna os seguintes requisitos:*
>
> *a) haver sido proferida por juiz competente;*
>
> *b) terem sido as partes citadas ou haver-se legalmente verificado à revelia;*
>
> *c) ter passado em julgado e estar revestida das formalidades necessárias para a execução no lugar em que foi proferida;*
>
> *d) estar traduzida por intérprete autorizado;*
>
> *e) ter sido homologada pelo Supremo Tribunal Federal.*[33]
>
> *Art. 17. As leis, atos e sentenças de outro país, bem como quaisquer declarações de vontade, não terão eficácia no Brasil, quando ofenderem a soberania nacional, a ordem pública e os bons costumes.*

No que diz respeito à previsão de trânsito em julgado a que se refere o art. 15, "c", da LINDB, é necessário registrar que a jurisprudência do Superior Tribunal de Justiça entende que o CPC/15 derrubou tal exigência, uma vez o que o art. 963, III, tem como suficiente, para efeito de homologação, que a decisão seja eficaz no país em que foi proferida. Confira-se:

---

33 Como visto acima, a Emenda Constitucional n. 45/2004 deslocou a competência do Supremo Tribunal Federal para o Superior Tribunal de Justiça, no que diz respeito ao procedimento de homologação de sentença estrangeiras, nos termos do art. 105, I, "i", da Constituição Federal.

HOMOLOGAÇÃO DE DECISÃO ESTRANGEIRA. CITAÇÃO VÁLIDA NO PROCESSO QUE CULMINOU COM A SENTENÇA HOMOLOGANDA. ATO QUE DEVE SER REALIZADO DE ACORDO COM A LEGISLAÇÃO ALIENÍGENA. TRÂNSITO EM JULGADO NA ORIGEM. REQUISITO INEXISTENTE NO CPC/15. NECESSIDADE DE QUE A DECISÃO APENAS SEJA EFICAZ EM SEU PAÍS. (...) 3. O art. 963, III, do CPC/15, ao não mais exigir que a decisão judicial que se pretende homologar tenha transitado em julgado, mas apenas que seja eficaz no país em que foi proferida, torna possível a homologação de título judicial passível de ter seu cumprimento exigido no país de origem, não havendo necessidade de que tenha transitado em julgado. 4. Incumbe ao réu provar eventual coisa julgada brasileira que seja ofendida pela sentença estrangeira homologanda, nos termos do inciso II do art. 373 do CPC/2015, pois se trataria de fato impeditivo do direito do autor à homologação pelo Superior Tribunal de Justiça da sentença estrangeira. 5. Sentença estrangeira homologada. (STJ, HDE 818/EX, Rel. Ministro Benedito Gonçalves, Corte Especial, DJe 10/09/2019)

HOMOLOGAÇÃO DE SENTENÇA ESTRANGEIRA CONTESTADA. SENTENÇA ARBITRAL SUIÇA. TRIBUNAL ARBITRAL DO ESPORTE. FORMALIDADES. ATENDIMENTO. APOSTILAMENTO. CONVENÇÃO DE HAIA DE 1969. DECRETO 8.660 DE 29.1.2016. DOCUMENTO PÚBLICO. CONCEITO AMPLO. ASSINATURA, SELO E/OU CARIMBO AUTENTICIDADE. COMPROVAÇÃO. DESNECESSIDADE DE TRÂNSITO EM JULGADO. ART. 963, III, DO CÓDIGO FUX. DECISÃO PLENAMENTE EFICAZ. PRECEDENTES. DEFERIMENTO DO PEDIDO DE HOMOLOGAÇÃO DA DECISÃO ESTRANGEIRA, ACOLHENDO-SE INTEGRALMENTE O PARECER DO MPF. (STJ, HDE 1.940/EX, Rel. Ministro Napoleão Nunes Maia Filho, Corte Especial, DJe 05/02/2020)

Outra característica relevante do procedimento de homologação de decisões e/ou sentenças arbitrais estrangeiras diz respeito à impossibilidade de o Superior Tribunal de Justiça reexaminar o mérito do conteúdo da decisão ou sentença submetida à homologação.

A homologação é ato meramente formal, por meio do qual a Corte Superior exerce tão somente um juízo de delibação, não adentrando o mérito da disputa original, tampouco averiguando eventual injustiça.

Sua única e exclusiva finalidade é transportar a eficácia de uma determinada decisão ou sentença para o ordenamento pátrio, se cumpridos todos os requisitos formais exigidos pela legislação brasileira, nos exatos termos em que fora proferida.

Aliás, é digno de nota o acórdão proferido pelo Supremo Tribunal Federal na década de 1990, no qual o eminente Ministro Relator Celso de Mello traçou todo o histórico envolvendo a regulamentação constitucional do procedimento de homologação de decisões estrangeiras, destacando que não era cabível o

> *exame da matéria de fundo ou a apreciação de questões pertinentes ao meritum causae, ressalvada, tão-somente, para efeito do juízo de delibação que lhe compete, a análise dos aspectos concernentes a soberania nacional, a ordem pública e aos bons costumes.*

Confira-se:

> *SENTENÇA ESTRANGEIRA - HOMOLOGAÇÃO - SISTEMA DE DELIBAÇÃO - LIMITES DO JUÍZO DELIBATORIO - PRESSUPOSTOS DE HOMOLOGABILIDADE - AUSÊNCIA DE AUTENTICAÇÃO CONSULAR DA CERTIDÃO DE TRÂNSITO EM JULGADO - CONDENAÇÃO DA PARTE SUCUMBENTE A VERBA HONORARIA - POSSIBILIDADE - RECUSA DE HOMOLOGAÇÃO POR AUSÊNCIA DE UM DE*

SEUS REQUISITOS - EXTINÇAO DO PROCESSO SEM JULGAMENTO DO MÉRITO. - AS SENTENCAS PROFERIDAS POR TRIBUNAIS ESTRANGEIROS SOMENTE TERAO EFICACIA NO BRASIL DEPOIS DE HOMOLOGADAS PELO SUPREMO TRIBUNAL FEDERAL. O PROCESSO DE HOMOLOGAÇÃO DE SENTENÇA ESTRANGEIRA REVESTE-SE DE CARÁTER CONSTITUTIVO E FAZ INSTAURAR UMA SITUAÇÃO DE CONTENCIOSIDADE LIMITADA. A AÇÃO DE HOMOLOGAÇÃO DESTINA-SE, A PARTIR DA VERIFICAÇÃO DE DETERMINADOS REQUISITOS FIXADOS PELO ORDENAMENTO POSITIVO NACIONAL, A PROPICIAR O RECONHECIMENTO DE DECISÕES ESTRANGEIRAS PELO ESTADO BRASILEIRO, COM O OBJETIVO DE VIABILIZAR A PRODUÇÃO DOS EFEITOS JURIDICOS QUE SÃO INERENTES A ESSES ATOS DE CONTEUDO SENTENCIAL. - O SISTEMA DE CONTROLE LIMITADO QUE FOI INSTITUIDO PELO DIREITO BRASILEIRO EM TEMA DE HOMOLOGAÇÃO DE SENTENÇA ESTRANGEIRA NÃO PERMITE QUE O SUPREMO TRIBUNAL FEDERAL, ATUANDO COMO TRIBUNAL DO FORO, PROCEDA, NO QUE SE REFERE AO ATO SENTENCIAL FORMADO NO EXTERIOR, AO EXAME DA MATÉRIA DE FUNDO OU A APRECIAÇÃO DE QUESTÕES PERTINENTES AO MERITUM CAUSAE, RESSALVADA, TÃO-SOMENTE, PARA EFEITO DO JUÍZO DE DELIBAÇÃO QUE LHE COMPETE, A ANALISE DOS ASPECTOS CONCERNENTES A SOBERANIA NACIONAL, A ORDEM PÚBLICA E AOS BONS COSTUMES. NÃO SE DISCUTE, NO PROCESSO DE HOMOLOGAÇÃO, A RELAÇÃO DE DIREITO MATERIAL SUBJACENTE A SENTENÇA ESTRANGEIRA HOMOLOGANDA. - A LEGALIZAÇÃO CONSULAR DA CERTIDÃO COMPROBATORIA DO TRÂNSITO EM JULGADO DA SENTENÇA ESTRANGEIRA CONSTITUI REQUISITO QUE, DESATENDIDO, IMPEDE A HOMOLOGAÇÃO

> *DO TÍTULO SENTENCIAL. O ATO DE CHANCELA CONSULAR DESTINA-SE A CONFERIR AUTENTICIDADE AO DOCUMENTO FORMADO NO EXTERIOR (RTJ 49/148). OS CONSULES BRASILEIROS, QUER EM FACE DE NOSSO ORDENAMENTO POSITIVO INTERNO, QUER A LUZ DO QUE PRESCREVE A CONVENÇÃO DE VIENA SOBRE RELAÇÕES CONSULARES (1963), DISPOEM DE FUNÇÕES CERTIFICANTES E DE AUTENTICAÇÃO DE DOCUMENTOS PRODUZIDOS POR ÓRGÃOS PUBLICOS DO ESTADO ESTRANGEIRO PERANTE O QUAL DESEMPENHAM AS SUAS ATRIBUIÇÕES. - A JURISPRUDÊNCIA DO SUPREMO TRIBUNAL FEDERAL TEM EXPRESSAMENTE ADMITIDO A APLICAÇÃO DO PRINCÍPIO DA SUCUMBENCIA AOS PROCESSOS DE HOMOLOGAÇÃO DE SENTENÇA ESTRANGEIRA, OBSERVANDO-SE, PARA EFEITO DE FIXAÇÃO DOS HONORARIOS ADVOCATICIOS DEVIDOS A PARTE VENCEDORA, O CRITÉRIO ESTABELECIDO PELO ART. 20, PAR. 4., DO CPC. PRECEDENTES.* (STF, SEC 4.738, Rel. Ministro Celso De Mello, Tribunal Pleno, DJe 07/04/1995)

Essa mesma posição segue refletida na jurisprudência recente do Superior Tribunal de Justiça:

> *PROCESSUAL CIVIL. HOMOLOGAÇÃO DE DECISÃO ESTRANGEIRA. SENTENÇA ARBITRAL ESTRANGEIRA. CUMPRIMENTO DOS REQUISITOS. RECUPERAÇÃO JUDICIAL DA REQUERIDA. IRRELEVÂNCIA. DEFERIMENTO DA HOMOLOGAÇÃO. SUCUMBÊNCIA. RELAÇÃO JURÍDICA PATRIMONIAL. HONORÁRIOS ADVOCATÍCIOS: FIXAÇÃO POR EQUIDADE (CPC, ART. 85, § 8º). PEDIDO DEFERIDO. 1. O titular do direito reconhecido na decisão alienígena possui evidente legitimidade ativa para requerer, perante o Superior Tribunal de Justiça, a homologação de*

sentença arbitral estrangeira. 2. A homologação de decisão estrangeira, mesmo quando contestada, é causa meramente formal, na qual a Corte Superior exerce tão somente juízo de delibação, não adentrando o mérito da disputa original, tampouco averiguando eventual injustiça do decisum alienígena (CPC, arts. 960 a 965). 3. Por isso mesmo, descabe examinar, entre outras questões envolvidas com o mérito e já examinadas e decididas no juízo estrangeiro, a legitimidade da requerente para instaurar o procedimento de arbitragem ou a correção do valor da condenação. (...) 5. Na espécie, é devida a homologação da sentença arbitral estrangeira, porquanto atendidos os requisitos previstos nos arts. 963 e 964 do CPC de 2015, 216-C e 216-D do RISTJ e 37 a 40 da Lei de Arbitragem, bem como constatada a ausência de ofensa à soberania nacional, à dignidade da pessoa humana e à ordem pública (CPC/2015, art. 963, VI; LINDB, art. 17; RISTJ, art. 216-F). (...) 12. Pedido de homologação da decisão estrangeira deferido. Honorários advocatícios sucumbenciais fixados, por equidade, em R$40.000,00. (STJ, SEC 1.809/EX, Rel. Ministro Raul Araujo, Corte Especial, DJe de 22/04/2021)

SENTENÇA ARBITRAL ESTRANGEIRA. PEDIDO DE HOMOLOGAÇÃO. PRESSUPOSTOS POSITIVOS E NEGATIVOS. ARTIGOS 15 E 17 DA LEI DE INTRODUÇÃO ÀS NORMAS DO DIREITO BRASILEIRO. ARTIGOS 963 A 965 DO CPC/2015. ARTS. 216-C, 216-D E 216-F DO RISTJ. ARTS. 38 E 39 DA LEI DE ARBITRAGEM. OBSERVÂNCIA. SENTENÇA ARBITRAL ESTRANGEIRA HOMOLOGADA. 1. Nos termos dos artigos 15 e 17 da Lei de Introdução às Normas do Direito Brasileiro, 963 a 965 do Código de Processo Civil e artigos 216-C, 216-D e 216-F do Regimento Interno do Superior Tribunal de Justiça, que, atualmente, disciplinam o procedimento de homologação de sentença estrangeira, constituem requisitos indispensáveis ao deferimento da homologação, os seguintes: (i) instrução da petição inicial com o original ou cópia autenticada da decisão homologanda e de outros documentos indispensáveis; (ii) haver sido a sentença proferida por autoridade competente; (iii) terem as partes sido regularmente citadas ou haver-se legalmente verificado a revelia; (iv) ter a sentença transitado em julgado; (v) não ofender "a soberania, a dignidade da pessoa humana e/ou ordem pública". 2. Além disso, para a homologação de sentença arbitral estrangeira é preciso observar, ainda, as exigências constantes dos arts. 38 e 39 da Lei de Arbitragem. 3. Preenchidos os requisitos legais, impõe-se a homologação da sentença estrangeira, não cabendo ao Superior Tribunal de Justiça o exame de matéria pertinente ao mérito, salvo para, dentro de estreitos limites, verificar eventual ofensa à ordem pública e à soberania nacional, o que não é o caso. 4. Hipótese em que o laudo arbitral foi proferido nos limites da lide, com a observância do contraditório e da ampla defesa e, ainda, examinou fundamentadamente e de forma isonômica as evidências e alegações das partes. 5. Sentença arbitral estrangeira homologada. (STJ, SEC 1.914/EX, Rel. Ministro Benedito Gonçalves, Corte Especial, DJe 05/06/2019)

HOMOLOGAÇÃO DE SENTENÇA ESTRANGEIRA CONTESTADA. SENTENÇA ARBITRAL. LIMITES SUBJETIVOS. EFETIVO EXERCÍCIO DO CONTRADITÓRIO. VERIFICAÇÃO. TEXTO FORMAL DA SENTENÇA. FORMALIDADES. ATENDIMENTO. APOSTILAMENTO. CONVENÇÃO DE HAIA DE 1969. DECRETO 8.660 DE 29/01/2016. DOCUMENTO PÚBLICO. CONCEITO AMPLO. ASSINATURA, SELO E OU CARIMBO. AUTENTICIDADE. COMPROVAÇÃO. JUÍZO DE DELIBAÇÃO. COMPETÊNCIA. STJ. EXAME DE MÉRITO. IMPOSSIBILIDADE. VALOR DA CAUSA. CONDENAÇÃO IMPOSTA NO ESTRANGEIRO. HONORÁRIOS. DIREITO INTERTEMPORAL. MARCO DEFINIDOR. PROLAÇÃO DA SENTENÇA. (...) 3. Como o juízo do STJ é de mera delibação, a verificação dos limites subjetivos da sentença arbitral estrangeira deve ter em consideração a matéria incorporada ao texto da decisão homologanda, sobretudo quanto às partes e o respetivo exercício do contraditório, a

> *partir do que será verificada a extensão da obrigação apta a se tornar eficaz e exequível no território nacional. (...) 10. Sentença arbitral estrangeira homologada parcialmente. Processo extinto sem resolução de mérito em relação à requerida ILLUSION ACESSÓRIOS DE MODAS LTDA.* (STJ, SEC 14.385/EX, Rel. Ministra Nancy Andrighi, Corte Especial, DJe 21/08/2018)

Assim, pode-se dizer que, em apertada síntese, as características listadas acima são as principais envolvendo o procedimento de homologação de decisões e/ou sentenças arbitrais estrangeiras.

2 Hipóteses de não homologação de sentenças arbitrais estrangeiras

Conforme demonstrado, a jurisprudência do Superior Tribunal de Justiça é assente no sentido de que o controle judicial da homologação da sentença arbitral estrangeira está limitado aos aspectos formais que cercam a decisão submetida ao juízo de delibação, não podendo ser reapreciado o mérito da relação de Direito material.

Os aspectos formais que representam as hipóteses em que não se concederá a homologação das sentenças arbitrais estrangeiras estão previstos nos artigos 38 e 39 da Lei de Arbitragem:

> *Art. 38. Somente poderá ser negada a homologação para o reconhecimento ou execução de sentença arbitral estrangeira, quando o réu demonstrar que:*
>
> *I – as partes na convenção de arbitragem eram incapazes;*
>
> *II – a convenção de arbitragem não era válida segundo a lei à qual as partes a submeteram, ou, na falta de indicação, em virtude da lei do país onde a sentença arbitral foi proferida;*
>
> *III – não foi notificado da designação do árbitro ou do procedimento de arbitragem, ou tenha sido violado o princípio do contraditório, impossibilitando a ampla defesa;*

> *IV – a sentença arbitral foi proferida fora dos limites da convenção de arbitragem, e não foi possível separar a parte excedente daquela submetida à arbitragem;*
>
> *V – a instituição da arbitragem não está de acordo com o compromisso arbitral ou cláusula compromissória;*
>
> *VI – a sentença arbitral não se tenha, ainda, tornado obrigatória para as partes, tenha sido anulada, ou, ainda, tenha sido suspensa por órgão judicial do país onde a sentença arbitral for prolatada.*
>
> *Art. 39. A homologação para o reconhecimento ou a execução da sentença arbitral estrangeira também será denegada se o Superior Tribunal de Justiça constatar que:*
>
> *I – segundo a lei brasileira, o objeto do litígio não é suscetível de ser resolvido por arbitragem;*
>
> *II – a decisão ofende a ordem pública nacional.*
>
> *Parágrafo único. Não será considerada ofensa à ordem pública nacional a efetivação da citação da parte residente ou domiciliada no Brasil, nos moldes da convenção de arbitragem ou da lei processual do país onde se realizou a arbitragem, admitindo-se, inclusive, a citação postal com prova inequívoca de recebimento, desde que assegure à parte brasileira tempo hábil para o exercício do direito de defesa.*

A leitura dos dispositivos acima evidencia que a Lei de Arbitragem subdivide as hipóteses de não homologação.[34] No art. 38, encontram-se relacionadas aquelas a que incumbe ao contestante da homologação invocar e comprovar; enquanto que o art. 39 versa sobre as questões que o Superior Tribunal de Justiça pode conhecer de ofício, quais sejam, a arbitrabilidade objetiva e a ofensa à ordem pública nacional.

---

34 SESTER, Peter. *Comentários à Lei de Arbitragem e à Legislação Extravagante*. São Paulo: Quartier Latin, 2020, p. 409.

Anote-se que o legislador andou bem ao basicamente reproduzir na Lei de Arbitragem as hipóteses de não homologação das sentenças arbitrais estrangeiras previstas na Convenção de Nova Iorque,[35] de modo a sinalizar a devida incorporação do referido diploma internacional pelo Direito brasileiro.[36]

---

35 *Artigo V: 1. O reconhecimento e a execução de uma sentença poderão ser indeferidos, a pedido da parte contra a qual ela é invocada, unicamente se esta parte fornecer, à autoridade competente onde se tenciona o reconhecimento e a execução, prova de que:*

a) as partes do acordo a que se refere o Artigo II estavam, em conformidade com a lei a elas aplicável, de algum modo incapacitadas, ou que tal acordo não é válido nos termos da lei à qual as partes o submeteram, ou, na ausência de indicação sobre a matéria, nos termos da lei do país onde a sentença foi proferida; ou

b) a parte contra a qual a sentença é invocada não recebeu notificação apropriada acerca da designação do árbitro ou do processo de arbitragem, ou lhe foi impossível, por outras razões, apresentar seus argumentos; ou

c) a sentença se refere a uma divergência que não está prevista ou que não se enquadra nos termos da cláusula de submissão à arbitragem, ou contém decisões acerca de matérias que transcendem o alcance da cláusula de submissão, contanto que, se as decisões sobre as matérias suscetíveis de arbitragem puderem ser separadas daquelas não suscetíveis, a parte da sentença que contém decisões sobre matérias suscetíveis de arbitragem possa ser reconhecida e executada; ou

d) a composição da autoridade arbitral ou o procedimento arbitral não se deu em conformidade com o acordado pelas partes, ou, na ausência de tal acordo, não se deu em conformidade com a lei do país em que a arbitragem ocorreu; ou

e) a sentença ainda não se tornou obrigatória para as partes ou foi anulada ou suspensa por autoridade competente do país em que, ou conforme a lei do qual, a sentença tenha sido proferida.

2. O reconhecimento e a execução de uma sentença arbitral também poderão ser recusados caso a autoridade competente do país em que se tenciona o reconhecimento e a execução constatar que:

a) segundo a lei daquele país, o objeto da divergência não é passível de solução mediante arbitragem; ou

b) o reconhecimento ou a execução da sentença seria contrário à ordem pública daquele país.

36 CARMONA, Carlos Alberto. *Arbitragem e processo*: um comentário à Lei n. 9.307/96. 3ª ed. São Paulo: Atlas, 2009, p. 29.

3 A violação à ordem pública sob a perspectiva da jurisprudência do Superior Tribunal de Justiça

Como bem destaca José Maria Rossani Garcez,

> *a homologação de sentenças judiciais ou arbitrais estrangeiras segue o sistema, provindo do direito italiano, do juízo de delibação ("giudizio di delibazione"), que propicia uma verificação formal, sem entrar no mérito da decisão, apenas para exercer um controle de qualidade originária da sentença alienígena que não agrida a ordem pública e os demais postulados legais pelos quais ela pode surtir efeitos no país.*[37]

Para analisar o controle judicial ao qual a sentença arbitral estrangeira é submetida, a fim de que se evite ofensa à ordem pública nacional, é necessário, antes de mais nada, abordar o conceito de ordem pública em si.

Para auxiliar nessa tarefa, são oportunas as considerações do eminente Ministro Ruy Rosado de Aguiar, que após colacionar o pensamento de diversos doutrinadores a respeito do tema, pondera que são duas as principais características que servem à definição de questão de ordem pública: a inderrogabilidade de determinadas regras legais pelas partes e o interesse público da sociedade em geral. Confira-se:

> *Ao tratar do conceito de leis de ordem pública, CLÓVIS BEVILAQUA definiu: "(...) são as que, em um Estado, estabelecem os princípios, cuja manutenção se considera indispensável à organização da vida social, segundo os preceitos do direito". Ao que acrescentou SERPA LOPES: "O seu característico principal é a inderrogabilidade: não pode ser afastada pela vontade do interessado". (...) MAXIMILIANO, na sua*

---

[37] GARCEZ, José Maria Rossani. *Negociação, ADRs, Mediação, Conciliação e Arbitragem*. Rio de Janeiro: Lumen Juris, 2000, pp. 147-148.

obra clássica, acentuou a importância do interesse público para a compreensão do tema: A distinção entre prescrições de ordem pública e de ordem privada consiste no seguinte: entre as primeiras, o interesse da sociedade coletivamente considerada sobreleva a tudo, a tutela do mesmo constitui o fim principal do preceito obrigatório; é evidente que apenas de modo indireto a norma aproveita aos cidadãos isolados, porque se inspira antes no bem da comunidade do que no do indivíduo; e quando o preceito é de ordem privada sucede o contrário: só indiretamente serve o interesse público, à sociedade considerada em seu conjunto; a proteção do indivíduo constitui o objetivo primordial. Os limites de uma e de outra espécie têm algo de impreciso (...). Consideram-se de ordem pública as disposições que se enquadram nos domínios do Direito Público; entram, portanto, naquela categoria as constitucionais, as administrativas, as penais, as processuais, as de polícia e segurança, e as de organização judiciária". Essas lições todas, apesar de sua generalidade e da preocupação em distinguir normas de diferente natureza, fornecem dois indicativos que nos servem para a definição de questão de ordem pública: a indisponibilidade e o interesse da sociedade. O cerne do conceito de ordem pública está na inderrogabilidade ou na indisponibilidade da lei ou do direito pela parte, com a presença do interesse público predominante. Assim, a) seriam questões de ordem pública aquelas que versam sobre regras inderrogáveis pelas partes; b) indo um pouco adiante, poderia dizer que são inderrogáveis as normas cuja proteção deve ser feita de ofício pelo juiz, independentemente de manifestação das partes. Em resumo, posso dizer que é de ordem pública a questão que versa sobre matéria inderrogável e inafastável pelas partes, em razão do interesse público prevalente que nela se expressa, reconhecível do ofício pelo juiz.[38]

---

38 AGUIAR JÚNIOR, Ruy Rosado de. "Arbitragem, os precedentes e a ordem pública". *In*: BRASIL. Superior Tribunal de Justiça. *Doutrina*: edição comemorativa: 30 anos do STJ. Brasília: Superior Tribunal de Justiça, 2019, pp. 193-224.

Na mesma linha, imperioso citar as considerações tecidas pela eminente Ministra Nancy Andrighi acerca da conceituação de ordem pública:

> *Trata-se de um conceito legal indeterminado, de textura extremamente aberta e, assim, permeável aos valores essenciais da ordem jurídica. Sua invocação, via-de-regra, é utilizada para a preservação desses valores comuns da sociedade. (...) Em questões relacionadas a direito internacional privado, como a controvérsia dos autos, o conceito de ordem pública tem a função de afastar o direito estrangeiro quando estiver em desacordo com o ordenamento jurídico pátrio, na lição de JACOB DOLINGER: A ordem pública, fenômeno principiológico que atravessa todas as áreas do direito, merece especial consideração no plano do direito internacional privado, em que exerce um papel de extrema importância para garantir o adequado funcionamento da eventual aplicação pelo juiz nacional de normas de sistema jurídico estrangeiro.*[39] *(...) Por sua natureza, a noção de ordem pública é capaz de ganhar concretude apenas na aplicação a uma determinada situação concreta, pois é inviável uma definição prévia e exaustiva de sua extensão. Como afirma HART, cuida-se de uma norma com textura aberta, cujo preenchimento depende da atuação de um poder parcialmente informado pela moralidade compreendida no ordenamento jurídico e no âmbito da sociedade.*[40] *(...) A noção de ordem pública, portanto, tem a fundamental tarefa de preservar a higidez e a coerência do ordenamento jurídico pátrio ante a possibilidade de aplicação da lei estrangeira no território brasileiro. Trata-se, assim, de*

---

39 DOLINGER, Jacob. "A ordem pública internacional em seus diversos patamares". *Revista dos Tribunais*, São Paulo, vol. 93, nº 828, out. 2004.

40 HART, Herbert Lionel Adolphus. *O conceito de Direito*. São Paulo: WMF Martins Fontes, 2012.

mecanismo de proteção tanto dos indivíduos quanto das próprias instituições jurídicas nacionais.[41]

Assim, é justamente sob essa perspectiva ("*preservar a higidez e a coerência do ordenamento jurídico pátrio ante a possibilidade de aplicação da lei estrangeira no território brasileiro*"),[42] que o Superior Tribunal de Justiça tem analisado o tema da ofensa à ordem pública nacional como hipótese de rejeição da homologação de sentenças arbitrais estrangeiras.

Isso não significa, entretanto, que todos e quaisquer atos e/ou efeitos jurídicos serão reconhecidos como causas de violação à ordem pública, de modo que a Corte Superior tem apreciado com temperamento os argumentos suscitados pelas partes nessa seara, rejeitando a homologação apenas em casos que a sentença arbitral estrangeira se mostre absolutamente incompatível com o sistema jurídico brasileiro,[43] para não subverter o caráter meramente ho-

---

41 SEC 14.930/US, Rel. Ministra Nancy Andrighi, Corte Especial, DJe 27.06.2019.

42 STJ, SEC 14.930/US, Rel. Ministra Nancy Andrighi, Corte Especial, DJe 27/062019.

43 André Abbud destaca que entre as principais alegações rejeitadas estão; "*exceção de contrato não cumprido, compensação, pagamento, ausência de responsabilidade solidária, condenação ou indexação em moeda estrangeira, nulidade ou inexistência de contrato, injustiça da decisão, hipossuficiência, força maior, vedação ao enriquecimento ilícito, onerosidade do procedimento, teoria da imprevisão, juros compostos, não aplicação da lei eleita no contrato, questões patrimoniais decorrentes da extinção do contrato de trabalho, ofensa ao principio da legalidade da empresa em recuperação judicial ou falência no Brasil (cf. p. ex., STJ, SEC 507, Rel. Min. Gilson Dipp, DJ 13.11.2006; SEC 802, Rel. Min. José Delgado, DJ 19.09.2005; SEC 1.210, Rel. Min. Fernando Gonçalves, DJ 06.08.2007; SEC 507, Rel. Min. Gilson Dipp, DJ 13.11.2006; SEC 5.692, Rel. Min. Ari Pargendler, DJ 01.09.2004; SEC 9.880, Rel. Min. Maria Theresa de Assis Moura, DJ 27.05.2014; SEC 11.969, Rel. Min. Raul Araujo, DJ 02.02.2016; SEC 4.516, Rel. Min. Sidnei Beneti, DJ 30.10.2013; SEC 16.016 , Rel. Min. Nancy Andrighi, DJ 28.11.2017; SEC 15.977, Rel. Min. Humberto Martins, DJ 15.09.2017; SEC 6.069, Rel. Min. Cesar Asfor Rocha, DJ 16.12.2011;*

mologatório do procedimento e evitar que se adentre no mérito do acerto ou não da decisão proferida pelo Tribunal Arbitral.

Nesse sentido, colacionamos abaixo a ementa do famoso caso Abengoa x Ometto (STJ, SEC 9.412/US), no qual o Superior Tribunal de Justiça apreciou o tema da ofensa à ordem pública nacional, reconhecendo que dado ao caráter indeterminado do referido conceito, "*deve-se interpretá-los de modo a repelir apenas aqueles atos e efeitos jurídicos absolutamente incompatíveis com o sistema jurídico brasileiro*", justamente para "*não subverter o papel homologatório do STJ*".

> *HOMOLOGAÇÃO DE SENTENÇAS ARBITRAIS ESTRANGEIRAS. APRECIAÇÃO DO MÉRITO. IMPOSSIBILIDADE, SALVO SE CONFIGURADA OFENSA À ORDEM PÚBLICA. ALEGAÇÃO DE PARCIALIDADE DO ÁRBITRO. PRESSUPOSTO DE VALIDADE DA DECISÃO. AÇÃO ANULATÓRIA PROPOSTA NO ESTADO AMERICANO ONDE INSTAURADO O TRIBUNAL ARBITRAL. VINCULAÇÃO DO STJ À DECISÃO DA JUSTIÇA AMERICANA. NÃO OCORRÊNCIA. EXISTÊNCIA DE RELAÇÃO CREDOR/DEVEDOR ENTRE ESCRITÓRIO DE ADVOCACIA DO ÁRBITRO PRESIDENTE E O GRUPO ECONÔMICO INTEGRADO POR UMA DAS PARTES. HIPÓTESE*

SEC 11.529, Rel. Min. Og Fernandes, DJ 02.02.2015; SEC 9.502, Rel. Min. Maria Theresa de Assis Moura, DJ 05.08.2014; SEC 6.753, Rel. Min. Maria Theresa de Assis Moura, DJ 19.08.2013; SEC 8.242, Rel. Min. Maria Theresa de Assis Moura, DJ 19.03.2015; SEC 10.643, Rel. Min. Humberto Martins, DJ 11.12.2014; SEC 3.891, Rel. Min. Humberto Martins, DJ 16.10.2013; SEC 4.024, Rel. Min. Nancy Andrighi, DJ 13.09.2013; SEC 3.035, Rel. Min. Fernando Gonçalves, DJ 31.08.2009; SEC 874, Rel. Min. Francisco Falcão, DJ 15.05.2005; SEC 12.781, Rel. Min. João Otávio de Noronha, DJ 18.08.2017; SEC 12.574, Rel. Min. Francisco Falcão, DJ 03.05.2007)". (ABBUD, André. "Homologação de Sentenças Arbitrais Estrangeiras". *In*: LEVY, Daniel; PEREIRA, Guilherme Setoguti. *Curso de Arbitragem*. São Paulo: Thompson Reuters Brasil, 2018, pp. 489-490).

OBJETIVA PASSÍVEL DE COMPROMETER A ISENÇÃO DO ÁRBITRO. RELAÇÃO DE NEGÓCIOS, SEJA ANTERIOR, FUTURA OU EM CURSO, DIRETA OU INDIRETA, ENTRE ÁRBITRO E UMA DAS PARTES. DEVER DE REVELAÇÃO. INOBSERVÂNCIA. QUEBRA DA CONFIANÇA FIDUCIAL. SUSPEIÇÃO. VALOR DA INDENIZAÇÃO. PREVISÃO DA APLICAÇÃO DO DIREITO BRASILEIRO. JULGAMENTO FORA DOS LIMITES DA CONVENÇÃO. IMPOSSIBILIDADE. 1. O procedimento de homologação de sentença estrangeira não autoriza o reexame do mérito da decisão homologanda, excepcionadas as hipóteses em que se configurar afronta à soberania nacional ou à ordem pública. Dado o caráter indeterminado de tais conceitos, para não subverter o papel homologatório do STJ, deve-se interpretá-los de modo a repelir apenas aqueles atos e efeitos jurídicos absolutamente incompatíveis com o sistema jurídico brasileiro. 2. A prerrogativa da imparcialidade do julgador é uma das garantias que resultam do postulado do devido processo legal, matéria que não preclui e é aplicável à arbitragem, mercê de sua natureza jurisdicional. A inobservância dessa prerrogativa ofende, diretamente, a ordem pública nacional, razão pela qual a decisão proferida pela Justiça alienígena, à luz de sua própria legislação, não obsta o exame da matéria pelo STJ. 3. Ofende a ordem pública nacional a sentença arbitral emanada de árbitro que tenha, com as partes ou com o litígio, algumas das relações que caracterizam os casos de impedimento ou suspeição de juízes (arts. 14 e 32, II, da Lei n. 9.307/1996). 4. Dada a natureza contratual da arbitragem, que põe em relevo a confiança fiducial entre as partes e a figura do árbitro, a violação por este do dever de revelação de quaisquer circunstâncias passíveis de, razoavelmente, gerar dúvida sobre sua imparcialidade e independência, obsta a homologação da sentença arbitral. 5. Estabelecida a observância do direito brasileiro quanto à indenização, extrapola os limites da convenção a sentença arbitral que a fixa com base na avaliação financeira do

> *negócio, ao invés de considerar a extensão do dano. 6. Sentenças estrangeiras não homologadas.*[44]

No referido caso, o Superior Tribunal de Justiça reconheceu que a imparcialidade do julgador não é matéria de mérito, mas sim de ordem pública, por tratar-se de um "*pressuposto processual subjetivo de validade de toda relação processual que se desenvolva num Estado Democrático de Direito*", de modo que sua violação significa ferir princípios e garantias constitucionais fundamentais de nosso ordenamento.

Diante disso, a Corte Superior deixou de proceder com a homologação da sentença arbitral estrangeira, sob o argumento de que

> *a prerrogativa da imparcialidade do julgador é uma das garantias que resultam do postulado do devido processo legal, aplicável à arbitragem, mercê de sua natureza jurisdicional. A inobservância dessa prerrogativa ofende, diretamente, a ordem pública nacional. Além disso, só se tem por válida a renúncia à garantia da inafastabilidade da jurisdição estatal quando os árbitros gozam de independência e confiança das partes.*

Em suma, o caso Abengoa x Ometto (STJ, SEC 9.412/US) representa um importante precedente no que diz respeito à exata dimensão do conceito de violação à ordem pública no âmbito do procedimento de homologação de sentenças arbitrais estrangeiras, uma vez que, a partir da profundidade de seu acórdão, é possível emprestar concretude a um conceito de caráter indeterminado, garantindo, assim, mais segurança jurídica e, consequentemente, favorecendo a preservação da higidez de ordenamento jurídico brasileiro em face da aplicação da lei estrangeira em nosso território.

---

44 STJ, SEC 9.412/US, Rel. Ministro João Otávio de Noronha, Corte Especial, DJe 13.11.2017.

Conclusão

Em síntese, o presente artigo destacou que a homologação de sentenças arbitrais estrangeiras é ato meramente formal, por meio do qual o Superior Tribunal de Justiça exerce tão somente um juízo de delibação, não adentrando o mérito da disputa original, tampouco averiguando eventual injustiça.

Os aspectos formais que representam as hipóteses em que não se concederá a homologação estão previstos nos artigos 38 e 39 da Lei de Arbitragem, e basicamente reproduzem as previsões da Convenção de Nova Iorque sobre o tema, sinalizando a devida incorporação do referido diploma internacional pelo Direito brasileiro.

No que diz respeito à violação à ordem pública como hipótese de rejeição da homologação da sentença arbitral estrangeira, abordou-se a relevância do tema sob a perspectiva da jurisprudência do Superior Tribunal de Justiça, que é no sentido de "*preservar a higidez e a coerência do ordenamento jurídico pátrio ante a possibilidade de aplicação da lei estrangeira no território brasileiro*".[45]

Por fim, destacou-se que não será todo e qualquer ato e/ou efeito jurídico que será reconhecido como causa de violação à ordem pública, de modo que a Corte Superior tem apreciado com temperamento a argumentação das partes, rejeitando a homologação apenas em casos que a sentença arbitral estrangeira se mostre absolutamente incompatível com o sistema jurídico brasileiro, para não subverter o caráter meramente homologatório do procedimento e evitar que se adentre no mérito do acerto ou não da decisão proferida pelo Tribunal Arbitral.

Nesse sentido, afirmou-se a relevância do caso Abengoa x Ometto (STJ, SEC 9.412/US), ao emprestar maior concretude ao

---

45 STJ, SEC 14.930/US, Rel. Ministra Nancy Andrighi, Corte Especial, DJe 27.06.2019.

conceito de ordem pública, garantindo, assim, maior segurança jurídica ao mercado da arbitragem internacional, bem como favorecendo a preservação da higidez do ordenamento jurídico brasileiro no âmbito do procedimento de homologação de sentenças arbitrais estrangeiras.

Referências bibliográficas

ABBUD, André. "Homologação de Sentenças Arbitrais Estrangeiras". *In*: LEVY, Daniel; PEREIRA, Guilherme Setoguti. *Curso de Arbitragem*. São Paulo: Thompson Reuters Brasil, 2018.

AGUIAR JÚNIOR, Ruy Rosado de. "Arbitragem, os precedentes e a ordem pública". *In*: BRASIL. Superior Tribunal de Justiça. *Doutrina*: edição comemorativa: 30 anos do STJ. Brasília: Superior Tribunal de Justiça, 2019.

CARMONA, Carlos Alberto. *Arbitragem e processo*: um comentário à Lei n. 9.307/96. 3ª ed. São Paulo: Atlas, 2009.

DOLINGER, Jacob. "A ordem pública internacional em seus diversos patamares". *Revista dos Tribunais*, São Paulo, vol. 93, nº 828, out. 2004.

GARCEZ, José Maria Rossani. *Negociação, ADRs, Mediação, Conciliação e Arbitragem*. Rio de Janeiro: Ed. Lumen Juris, 2000.

HART, Herbert Lionel Adolphus. *O conceito de Direito*. São Paulo: WMF Martins Fontes, 2012.

MARTINS, Pedro A. Batista. *Apontamentos sobre a Lei de Arbitragem*. Rio de Janeiro: Forense, 2008.

NEVES, Daniel Amorim Assumpção. *Código de processo civil comentado*. 6ª ed. rev. e atual. São Paulo: Jus Podivum, 2021.

SESTER, Peter. *Comentários à Lei de Arbitragem e à Legislação Extravagante*. São Paulo: Quartier Latin, 2020.

CAPÍTULO III

O ART. 189, IV, DO CPC À LUZ DA JURISPRUDÊNCIA DAS CÂMARAS RESERVADAS DE DIREITO EMPRESARIAL DO TJSP

Introdução

O objetivo do artigo é traçar um breve panorama acerca dos principais aspectos envolvendo a aplicação do art. 189, IV, do CPC – que dispõe sobre a tramitação em segredo de justiça no Poder Judiciário dos processos que versem sobre arbitragem – pela jurisprudência das Câmaras Reservadas de Direito Empresarial do Tribunal de Justiça de São Paulo.

A partir da análise dos precedentes mais recentes que discutem a matéria, mostraremos os principais fundamentos utilizados por cada uma das correntes jurisprudenciais existentes acerca da interpretação desse importante dispositivo do CPC.

Ao final, pontuaremos a conveniência de o Grupo de Câmaras Reservadas de Direito Empresarial do e. TJSP uniformizar a jurisprudência sobre a tramitação em segredo de justiça dos processos que versem sobre arbitragem, garantindo maior segurança jurídica sobre o tema.

1 O sigilo na arbitragem

Um dos principais fundamentos utilizados na defesa do sigilo das arbitragens repousa no fato de tratar-se de um método privado de solução de conflitos, no qual podem as partes convencionar livremente sobre as regras do procedimento, inclusive, estabelecendo que o litígio tramitará de forma sigilosa, de modo a evitar que terceiros tenham acesso às informações e decisões do procedimento. Essa característica, aliás, sempre foi destacada pela doutrina como uma das vantagens da arbitragem.[46]

Fato é que ao editar a Lei n. 9.307/1996 (Lei de Arbitragem), o legislador foi omisso quanto ao tema da confidencialidade, limitando-se a estipular no artigo 13, § 6º,[47] que o árbitro tem o dever de agir com discrição durante o desempenho de sua função. Mas, não obstante a omissão legislativa, a prática revelava que o sigilo era a regra nas arbitragens.

A ausência de regulamentação do tema gerava, entretanto, uma série de questionamentos, conforme pontuaram JOSÉ ANTONIO FICHTNER, SÉRGIO MANNHEIMER E ANDRÉ MONTEIRO,

---

46 RENATO STEPHAN GRION destaca que "*entre as citadas vantagens da arbitragem, mostra-se particularmente interessante ao meio empresarial a possibilidade de as partes envolvidas em determinada contenda pactuarem a confidencialidade dela*", referindo-se à pesquisa realizada pela Universidade Queen Mary da Inglaterra, onde se constatou que "*87% das pessoas questionadas consideram a confidencialidade como um aspecto importante na escolha ela arbitragem*". (LEVY, Daniel; PEREIRA, Setoguti Guilherme. *Curso de Arbitragem*. São Paulo: Thomson Reuters, 2018, p. 207).

47 *Art. 13. Pode ser árbitro qualquer pessoa capaz e que tenha a confiança das partes. § 6º No desempenho de sua função, o árbitro deverá proceder com imparcialidade, independência, competência, diligência e discrição.*

em artigo publicado em 2014, destacando as dúvidas mais comuns sobre a confidencialidade na arbitragem:

> *(i) se a confidencialidade está implícita na arbitragem ou depende de previsão expressa, (ii) quais são os limites da confidencialidade, (iii) se a divulgação apenas da existência da arbitragem infringe a confidencialidade, (iv) se a divulgação dos documentos e das provas produzidas na arbitragem viola a confidencialidade, (vi) se a publicação da sentença arbitral e das demais decisões compromete a confidencialidade,(vii) se a confidencialidade vincula árbitros, instituição arbitral, partes e terceiros que tenham participado da arbitragem e (viii) como seria possível manter íntegra a confidencialidade quando for necessário o apoio prévio e a posteriori do Poder Judiciário, normalmente submetido ao princípio da publicidade dos atos processuais.*[48]

Foi nesse contexto que o legislador do CPC de 2015 estabeleceu que os casos que versem sobre arbitragem devem tramitar em segredo de justiça, desde que a confidencialidade seja comprovada perante o Poder Judiciário.

> *Art. 189. Os atos processuais são públicos, todavia tramitam em segredo de justiça os processos:*
>
> (...)
>
> *IV – que versem sobre arbitragem, inclusive sobre cumprimento de carta arbitral, desde que a confidencialidade estipulada na arbitragem seja comprovada perante o juízo.*

---

48 FICHTNER, José Antonio; MANNHEIMER, Sergio Nelson; MONTEIRO, André Luís. *Novos temas de arbitragem*. Rio de Janeiro: Editora FGV, 2014, p. 92.

Ao comentar o referido dispositivo, RODRIGO GARCIA DA FONSECA destaca que:

> *a nova lei processual, neste passo, incorporou uma hipótese de segredo de justiça convencional, ou contratual, estipulado pelas partes, previsão que antes inexistia no direito processual pátrio, ao menos expressamente. A hipótese é de segredo de justiça disponível ou facultativo. Há clara valorização legal da autonomia privada, característica primordial da arbitragem, no tocante ao sigilo.*[49]

De forma concomitante, o legislador editou a Lei n. 13.129/2015, que, além de alterar diversos pontos da Lei de Arbitragem, incluiu o art. 22-C, para estabelecer no parágrafo único a observância do segredo de justiça no cumprimento da carta arbitral, desde que comprovada a confidencialidade estipulada na arbitragem.

> *Art. 22-C. O árbitro ou o tribunal arbitral poderá expedir carta arbitral para que o órgão jurisdicional nacional pratique ou determine o cumprimento, na área de sua competência territorial, de ato solicitado pelo árbitro.*
>
> *Parágrafo único. No cumprimento da carta arbitral será observado o segredo de justiça, desde que comprovada a confidencialidade estipulada na arbitragem.*

A leitura das disposições acima indica que o CPC de 2015 e a reforma introduzida pela Lei n. 13.129/2015 eliminaram dúvida relevante quanto à necessidade de as partes comprovarem a contratação da cláusula de confidencialidade para poderem pleitear o trâmite do processo em segredo de justiça perante o Poder Judiciário.[50]

---

49 CARMONA, Carlos Alberto (Coord.). *20 anos da Lei de Arbitragem*: homenagem a Petrônio R. Muniz. São Paulo: Atlas, 2017, p. 659.

50 Nesse ponto, a jurisprudência do Superior Tribunal de Justiça também tem admitido a preservação do segredo de justiça nas hipóteses

Ou seja, a opção do legislador foi tutelar o sigilo das medidas de apoio à arbitragem no Poder Judiciário, reconhecendo, porém, que a confidencialidade não é inerente ao próprio procedimento arbitral, dependendo de estipulação pelas partes.

2 Precedentes das câmaras reservadas de Direito Empresarial do TJSP envolvendo a aplicação do art. 189, iv, do CPC

Entretanto, sobre a previsão contida no art. 189, IV, do CPC, cumpre anotar a existência de corrente jurisprudencial,[51] capitaneada por decisões das Varas Empresariais e de Conflitos Relacionados à Arbitragem da Capital de São Paulo, afastando a aplicação do referido dispositivo em razão de sua inconstitucionalidade, sob o fundamento de que a restrição à publicidade dos processos somente poderia ocorrer nas hipóteses de defesa da intimidade ou do interesse social, o que não estaria configurado

---

em que se comprovar a confidencialidade da arbitragem: "*RECURSO ESPECIAL. PREQUESTIONAMENTO. AUSÊNCIA. SÚM. 282/STF. AÇÃO DE EXECUÇÃO DE TÍTULO EXTRAJUDICIAL. PENHORA DE DIREITO LITIGIOSO NO ROSTO DOS AUTOS. ATO DE AVERBAÇÃO. PROCEDIMENTO DE ARBITRAGEM. POSSIBILIDADE. CONFIDENCIALIDADE. PRESERVAÇÃO. ORDEM DE PREFERÊNCIA DA PENHORA. EXCESSIVA ONEROSIDADE NÃO DEMONSTRADA. JULGAMENTO: CPC/15. (...) 10. Dentre as mencionadas peculiaridades, está a preservação da confidencialidade estipulada na arbitragem, à que alude a recorrente e da qual não descurou a Lei 9.307/96, ao prever, no parágrafo único do art. 22-C, que o juízo estatal observará, nessas circunstâncias, o segredo de justiça*" (STJ, REsp n. 1.678.224/SP, Rel. Min. Nancy Andrighi, 3ª Turma, j. 09.05.2019).

51 Em levantamento jurisprudencial aprofundado sobre o tema, Ana Olívia Antunes Haddad, analisando o teor das decisões proferidas pelas Varas Empresariais e de Conflitos Relacionados à Arbitragem da Capital de São Paulo destaca que "*os tribunais têm aplicado de forma consistente o previsto no art. 189, IV, do CPC. Portanto, é possível afirmar que se trata de entendimento minoritário*". (HADDAD, Ana Olívia Antunes. *Transparência no Processo Arbitral*. São Paulo: Almedina, 2021, p. 53).

nos casos que versam sobre arbitragem, em violação aos artigos 5º, LX, e 93, IX, da CF. Abaixo alguns trechos da fundamentação utilizada para tanto:

> *(...) a inovação introduzida pela Lei n. 13.105/2015 é incompatível com os artigos 5º, LX, e 93, IX, da Constituição Federal (...) Como se observa, a regra é a publicidade, que apenas pode ser restringida para salvaguardar a intimidade ou o interesse social. (...) Assim, a opção da Constituição é por privilegiar a publicidade dos atos processuais, o que apenas pode ser restringido em hipóteses excepcionais, quando haja risco à intimidade e ao interesse social, repita-se. Outrossim, tratando-se de regra restritiva de direitos (a possibilidade de a lei limitar a publicidade dos atos processuais), por hermenêutica, sua interpretação deve necessariamente ser restritiva. Caso assim não fosse, estar-se-ia admitindo que o legislador infraconstitucional poderia ampliar as restrições de direitos estabelecidas pela Constituição, diminuindo, por consequência, a proteção de direitos tidos (pelo próprio constituinte) como de maior valia. Nesse sentido, os incisos I, II e III, do art. 189 do CPC instrumentalizam de forma restritiva a exceção autorizada pelos arts. 5º, LX, e 93, IX, da CF, o que não é observado no inciso IV, que amplia o segredo para além da intimidade e do interesse social, visando proteger interesses estritamente particulares. Ora, o art. 189, IV, do CPC prestigia interesses puramente privados, destacando, por um lado, o interesse do tribunal arbitral, que por razões próprias estabeleceu genericamente o sigilo dos seus procedimentos e, por outro, o interesse das partes envolvidas no litígio, que preferem manter a controvérsia em segredo. (...). Mais ainda, há que se reconhecer que a regra em questão é contrária ao interesse social. É que o objetivo da jurisdição é a pacificação social, o que, em muito, decorre da segurança e previsibilidade geradas pelas decisões reiteradas do Poder Judiciário, consolidando precedentes e formando jurisprudência. Na contramão, o art. 189, IV, do CPC possibilita que as orientações do Poder Judiciário*

> *sejam conhecidas apenas por poucos advogados e poucos julgadores, sendo desconhecidas pelo jurisdicionado. Aliás, o novo Código de Processo Civil prestigia a segurança e a previsibilidade, fortalecendo a influência dos precedentes e da jurisprudência. Tal fato é agravado em razão de os procedimentos arbitrais, via de regra, tramitarem em segredo de justiça. Portanto, além dos arts. 5º, LX, e 93, IX, da CF não autorizarem a restrição à publicidade criada pelo art. 189, IV, do CPC (uma vez que atende interesses puramente particulares e não condiz com o interesse social), a regra em questão é nociva ao sistema jurídico, por provocar assimetria de informações e obstar a formação do direito (consolidação dos precedentes e da jurisprudência). Ademais, tal restrição à publicidade obsta o conhecimento e o controle social sobre temas relevantíssimos, inclusive por pessoas relacionadas de forma direta ou indireta com o litígio (como, por exemplo, os acionistas de companhias abertas), em razão da absoluta falta de acesso aos processos e aos provimentos jurisdicionais, seguido pela absoluta falta de acesso aos procedimentos arbitrais. Por consequência, há evidente prejuízo à tomada de decisões por pessoas que desconhecem a forma pela qual as normas abstratas são concretizadas, o que, ademais, sem razoabilidade, gera situação favorável aos pouquíssimos que têm acesso às informações socialmente tão relevantes. Diante do exposto, indefiro a tramitação do processo em segredo de justiça, ao menos com fundamento na aplicação automática do art. 189, IV, do CPC, reputando-o inconstitucional.*[52]

No âmbito das Câmaras Reservadas de Direito Empresarial do e. TJSP, o tema também é controvertido.

---

52 Decisão proferida pelo Dr. LUIS FELIPE BEDENDI, MM. Juiz de Direito da 2ª Vara Empresarial e de Conflitos Relacionados à Arbitragem da Capital de São Paulo, nos autos do Processo n. 1086460- 32.2021.8.26.0100.

Conforme destacado pelo DESEMBARGADOR ALEXANDRE LAZZARINI em recente julgado,

> *o entendimento desta 1ª Câmara Reservada de Direito Empresarial na questão do segredo de justiça, mesmo envolvendo a tutela cautelar pré- arbitral, é que tal restrição à publicidade do processo judicial não pode prevalecer.*[53]

Nesse sentido, citamos, por todos, trecho de voto prolatado pelo DESEMBARGADOR CESAR CIAMPOLINI:

> *Rejeito o pedido de tramitação em segredo de justiça, posto que a regra que vige em nosso sistema é a da plena publicidade dos atos processuais, conforme se depreende dos arts. 5º, LX e 93, IX, da Constituição Federal. (...) Por essa razão, qualquer norma infraconstitucional que limite a aplicabilidade da regra geral de publicidade, como o faz o art. 189 do CPC, deve ser interpretada restritivamente. Nesse sentido, veja-se precedente desta 1ª Câmara Reservada de Direito Empresarial, sob minha relatoria, em ação anulatória de sentença arbitral: '(...) Segredo de justiça. A regra do sistema é publicidade dos atos processuais, de acordo com os arts. 5º, LX, e 93, IX, da Constituição Federal. A luz do sol, como afirmado pelo Justice LOUIS BLANDEIS, é o melhor detergente, faz bem à administração da Justiça. A generalizada imposição de segredo nos juízos arbitrais, contrariamente ao que sucede nos processos e julgamentos do Poder Judiciário, "é nociva ao sistema jurídico, por provocar assimetria de informações e obstar a formação do direito (consolidação dos precedentes e da jurisprudência)", afirma muito corretamente a decisão agravada, da lavra da Juíza de Direito PAULA*

53 TJSP, Agravo de instrumento n. 2193571-67.2021.8.26.0000, Relator Desembargador ALEXANDRE LAZZARINI, 1ª Câmara Reservada de Direito Empresarial, j. 09/03/22.

> *DA ROCHA E SILVA FORMOSO. Os jurisdicionados têm o direito de conhecer a jurisprudência; os empresários, especificamente, o de antever, pela coerência que sempre se espera dos que têm a nobre missão de julgar, o provável resultado dos veredictos, levando-o em consideração ao celebrar negócios mercantis.* (...) *Dessa forma, diante da inexistência de interesse público ou social a ser protegido, ou de violação à esfera íntima das partes, não há que se falar, no caso concreto, em segredo de justiça. De mais a mais, ao contrário, é de toda a conveniência, é de real interesse público, dar-se publicidade às relevantes questões que se discutem na presente demanda.*[54]

Em suma, a posição da 1ª Câmara Reservada de Direito Empresarial é no sentido de que não basta a previsão de confidencialidade para que o processo tramite em segredo de justiça; é necessário, também, a comprovação de perigo de vulneração à intimidade, que no caso de litígios empresariais poderiam ser informações sensíveis quanto ao desenvolvimento de determinada atividade empresarial *know how*, informações estratégicas etc.[55]

Por sua vez, a 2ª Câmara Reservada de Direito Empresarial entende pela possibilidade de trâmite em segredo de justiça, desde que as partes comprovem a previsão de confidencialidade da

---

54 TJSP, Apelação n. 2171492-02.2018.8.26.0000, Relator Desembargador CESAR CIAMPOLINI, 1ª Câmara Reservada de Direito Empresarial, j. 30/06/21.

55 Nesse sentido, citamos um acórdão de relatoria do Desembargador EDUARDO AZUMA NISHI, julgado em outubro de 2023: "*AGRAVO DE INSTRUMENTO. AÇÃO DE PRODUÇÃO ANTECIPADA DE PROVAS. Decisão agravada levantou o segredo de justiça. Inexistência de elementos que justifiquem a restrição ao princípio da publicidade dos atos processuais. Falta de demonstração de efetivo prejuízo a impor a adoção da excepcional regra de sigilo dos atos processuais. DECISÃO MANTIDA. RECURSO DESPROVIDO*" (TJSP, Agravo de instrumento n. 2111581-83.2023.8.26.0000, Relator Desembargador AZUMA NISHI, 1ª Câmara Reservada de Direito Empresarial, j. 08/10/23).

arbitragem, nos termos do art. 189, IV, do CPC. A esse respeito, confira- se dois recentes acórdãos da Câmara enfrentado o tema:

> *Observo, por fim, que respeitado o entendimento do D. Juízo de origem, quanto à declaração incidental de inconstitucionalidade do inciso IV, do art. 189, do CPC, não é o entendimento deste Relator, porquanto há interesse tutelável juridicamente que justificar a opção do legislador por excepcionar, em alguns casos, a publicidade prevista no art. 5º, LX, da CF.*[56]
>
> *Com a devida vênia do entendimento manifestado pelo i. juízo de primeiro grau, este Relator não divisa inconstitucionalidade no art. 189, IV, do CPC. No entendimento deste Relator, há interesse social, que pode justificar a opção do legislador por excepcionar, em alguns casos, a regra constitucional da publicidade, no fomento de negócios realizados no Brasil e na atração de investimentos para o país. A possibilidade de escolha da arbitragem como meio de resolução de litígios e a confidencialidade que se lhe pode atribuir, extensível aos processos judiciais que sobre ela versem, são elementos importantes para muitos investidores. Ademais, não se está a tratar de caso envolvendo interesse coletivo, em relação ao qual, ao interesse de alguns na confidencialidade, se contraporia o interesse de outros na publicidade, notadamente para fim de tutela e garantia dos próprios direitos, como seria o caso de litígio envolvendo companhia aberta. O regulamento de arbitragem da Câmara FGV, eleita pelas partes, que rege o procedimento arbitral no caso, prevê que a arbitragem será sigilosa. Destarte, o caso atende ao disposto no inciso IV do art. 189 do CPC.*[57]

---

56 TJSP, Agravo de instrumento n. 2273251-67.2022.8.26.0000, Relator Desembargador JORGE TOSTA, 2ª Câmara Reservada de Direito Empresarial, j. 19/07/23.

57 TJSP, Agravo de instrumento n. 2114763-14.2022.8.26.0000, Relator Desembargador GRAVA BRAZIL, 2ª Câmara Reservada de Direito Empresarial, j. 27/06/22.

Com efeito, o entendimento da 2ª Câmara Reservada de Direito Empresarial é no sentido de que existe um importante interesse social tutelado pelo CPC, ao excepcionar a regra constitucional geral da publicidade.

Pois bem. Como se depreende da qualidade dos excertos transcritos dos acórdãos das Câmaras Reservadas de Direito Empresarial do e. TJSP, mesmo após as inovações introduzidas pelo CPC de 2015 e pela Lei n. 13.129/2015, a questão da confidencialidade na arbitragem e o trâmite dos processos em segredo de justiça continua a suscitar debates.

Apesar dos relevantes fundamentos contidos nos votos da 1ª Câmara Reservada de Direito Empresarial, a posição adotada pela 2ª Câmara Reservada de Direito Empresarial parece atender mais objetivamente à intenção do legislador quando editou os artigos 22-C, parágrafo único, da Lei de Arbitragem e 189, IV, do CPC.

A respeito da constitucionalidade, lembre-se que, não obstante a Constituição Federal estabeleça como regra a publicidade dos atos processuais (art. 5º, LX e art. 93, IX), trata-se de "*mandamento constitucional de eficácia contida, pois se possibilita a edição de lei ordinária que, excepcionalmente, nas hipóteses de defesa da intimidade ou do interesse social, a restrinja*".[58] Nessa linha, em 2021, o Conselho da Justiça Federal editou o Enunciado n. 99 na II Jornada Prevenção e Solução Extrajudicial de Litígios, que dispõe:

> *O art. 189, IV, do Código de Processo Civil é constitucional, devendo o juiz decretar segredo de justiça em processos judiciais que versem sobre arbitragem, desde que a confidencialidade estipulada na arbitragem seja comprovada perante o juízo.*

---

58 MORAES, Alexandre de. *Constituição do Brasil interpretada e legislação constitucional*. São Paulo: Atlas, 2007, p. 347.

A justificativa para a edição do enunciado foi a seguinte:

> *A confidencialidade é normalmente citada como um dos atrativos para a escolha da arbitragem, na medida em que propicia a solução dos conflitos de modo privado e reservado. Ela não é obrigatória na Lei de Arbitragem, mas pode ser contratada pelas Partes e consta dos regulamentos de várias instituições arbitrais, salvo nos casos envolvendo a Administração Pública, que devem respeitar o princípio da publicidade (do art. 2º, § 3º, da Lei n. 9.307/1996). O sigilo da arbitragem permite a proteção da privacidade dos envolvidos, de segredos e estratégias comerciais, ajuda a proteger a reputação das empresas e pessoas, e pode colaborar com a redução da litigiosidade entre as partes. Justamente reconhecendo a relevância da confidencialidade das arbitragens, o CPC/2015 passou a permitir, no inciso IV do art. 189, a tramitação em segredo de justiça de ações relativas a arbitragens confidenciais, desde que comprovada em juízo a contratação da confidencialidade. Assim, a eventual necessidade de recorrer a juízo deixou de significar a publicidade necessária do caso, estendendo à fase judicial aquelas vantagens da confidencialidade da arbitragem. Algumas decisões recentes do Judiciário, porém, vêm afirmando que tal dispositivo do CPC seria inconstitucional, por violar o princípio da publicidade dos processos judiciais. A Constituição, ao prever a publicidade dos atos processuais, o faz como regra geral, mas admite que possa haver a criação de hipóteses de segredo de justiça. Ora, os valores protegidos pelo sigilo no CPC também têm dimensão constitucional, como a privacidade, a livre inciativa etc.*[59]

---

59 JUSTIÇA FEDERAL. "II Jornada Prevenção e solução extrajudicial de litígios: Enunciados Aprovados, Brasília: Conselho da Justiça Federal". *Centro de Estudos Judiciários*, 2021, p. 13. Disponível em: https://www.cjf.jus.br/cjf/corregedoria-da-justica-federal/centro-de-estudos-judiciarios-1/prevencao-e-solucao-extrajudicial-de-litigios. Acessado em: 15.05.2025.

E esses também foram os fundamentos que levaram a 2ª Câmara Reservada de Direito Empresarial a entender pela possibilidade de trâmite em segredo de justiça, pois conforme bem destacado pelo DESEMBARGADOR GRAVA BRAZIL, na hipótese discutida "*há interesse social, que pode justificar a opção do legislador por excepcionar, em alguns casos, a regra constitucional da publicidade, no fomento de negócios realizados no Brasil e na atração de investimentos para o país*", de modo que, muitas vezes, a escolha da arbitragem como meio de resolução de conflitos vê na confidencialidade um importante atributo, a qual, por força dos dispositivos legais mencionados, é também extensível aos processos judiciais que sobre ela versem.

O v. acórdão relatado pelo DESEMBARGADOR GRAVA BRAZIL ressalvou, com pertinência, que o caso *sub judice* não versava sobre:

> *interesse coletivo, em relação ao qual, ao interesse de alguns na confidencialidade, se contraporia o interesse de outros na publicidade, notadamente para fim de tutela e garantia dos próprios direitos, como seria o caso de litígio envolvendo companhia aberta.*

Essa premissa é relevantíssima na medida em que a confidencialidade da arbitragem não pode ser considerada absoluta a ponto de impedir que terceiros, legitimamente interessados, obtenham cópias dos autos para se informar, e, eventualmente, adotar as medidas de direito que entendam cabíveis.[60]

---

60 Sobre o tema, recomenda-se a leitura da Resolução n. 80 da Comissão de Valores Mobiliários, editada em 29.03.2022, que, dentre outras determinações, impõe às companhias abertas, "*a comunicação sobre demandas societárias, nos termos e prazos estabelecidos no Anexo I*", de modo a relativizar a confidencialidade das demandas societárias no âmbito do mercado de capitais, em prol de um maior fluxo de informações aos investidores.

Não por outra razão, os próprios regulamentos de determinadas Câmaras de Arbitragem costumam prever os casos de relativização do sigilo do procedimento arbitral,[61] tais como, as hipóteses previstas em lei ou nas normas dos órgãos reguladores, pelo acordo expresso das partes, por decisão judicial em sentido contrário. A propósito, SELMA FERREIRA LEMES e INES BALBINO destacam que as partes de uma arbitragem, diante de um pedido judicial de informações que recaia sobre dados, documentos ou decisões relativas a determinado procedimento arbitral, não podem se recusar a prestar informações ao Poder Judiciário, sob a simples alegação de que tais informações concernem a um procedimento arbitral confidencial.[62]

---

61 A título exemplificativo, o regulamento do Centro de Arbitragem e Mediação da CCBC traz, em seu art. 14.1, exceções à regra de sigilo: "*14.1. O procedimento arbitral é sigiloso, ressalvadas as hipóteses previstas em lei ou por acordo expresso das partes ou diante da necessidade de proteção de direito de parte envolvida na arbitragem*". Já o regulamento da Câmara do Mercado da B3 dispõe: "*9.1 Sigilo. O procedimento arbitral é sigiloso, devendo as partes, árbitros e membros da Câmara de Arbitragem abster-se de divulgar informações sobre seu conteúdo, exceto em cumprimento a normas dos órgãos reguladores, ou previsão legal*".

62 "*A parte também pode se deparar com um pedido judicial de informações que recaia sobre dados, documentos ou decisões relativas a um determinado procedimento arbitral, cobertos pelo dever de confidencialidade. Neste caso, haverá e obedecer ao dever de colaborar com a Justiça, que nada mais representa do que um dever legal de informar. Vários são os dispositivos do Código de Processo Civil, que preveem tal dever. O artigo 339 do CPC prescreve, como princípio geral, que 'ninguém se exime do dever de colaborar com o Poder Judiciário para o descobrimento da verdade'. Já o artigo 341 do mesmo CPC prevê que 'compete ao terceiro, em relação a qualquer pleito: I - informar ao juiz os fatos e as circunstâncias, de que tenha conhecimento; e II - exibir coisa ou documento que esteja em seu poder'. Todavia, dentre essas hipóteses não se insere o simples dever contratual de confidencialidade, de modo que, a princípio, a parte num procedimento arbitral não pode se recusar a prestar informações concernem a uma arbitragem confidencial em curso ou já encerrada*". (BALBINO, Ines; LEMES, Selma Ferreira. *Arbitragem*: temas contemporâneos. São Paulo: Quartier Latin, 2012, p. 430).

Conclusão

À luz das considerações acima, com a devida vênia dos relevantes posicionamentos contrários, é forçoso reconhecer que o objetivo do legislador ao editar o art. 189, IV, do CPC e o art. 22-C, parágrafo único, da Lei de Arbitragem foi prestigiar o sigilo das medidas de apoio à arbitragem no Poder Judiciário, ressaltando, porém, que a confidencialidade não é inerente ao próprio procedimento arbitral, de modo que a sua observância depende de estipulação pelas partes.

O fato é que, na aplicação do art. 189, IV, do CPC, há entendimentos divergentes entre as Câmaras Reservadas de Direito Empresarial do Egrégio Tribunal de Justiça de São Paulo.

A 1ª Câmara Reservada de Direito Empresarial do TJSP, tem decidido que a restrição à publicidade do processo judicial não pode prevalecer mesmo nos casos envolvendo a tutela cautelar pré-arbitral.[63] Há também decisões das Varas Empresariais e de Conflitos Relacionados à Arbitragem da Capital de São Paulo nessa mesma direção, afastando a aplicação do referido dispositivo, sob o argumento de que a restrição da publicidade não teria cabimento nos casos que versem sobre arbitragem, uma vez que a norma seria contrária ao interesse social.

A 2ª Câmara Reservada de Direito Empresarial, diferentemente, decide pela possibilidade de trâmite em segredo de justiça, desde que as partes comprovem a previsão de confidencialidade da arbitragem, nos termos do art. 189, IV, pois, há interesse social que justifica "*a opção do legislador por excepcionar, em alguns casos, a regra constitucional da publicidade, no fomento de negócios realizados no Brasil e na atração de investimentos para o país*".[64]Sopesa, no

63 TJSP, Agravo de instrumento n. 2193571-67.2021.8.26.0000, Relator Desembargador ALEXANDRE LAZZARINI, 1ª Câmara Reservada de Direito Empresarial, j. 09/03/22.

64 TJSP, Agravo de instrumento n. 2114763-14.2022.8.26.0000, Relator Desembargador GRAVA BRAZIL, 2ª Câmara Reservada de Direito Empresarial, j. 27/06/22.

entanto, os casos que versem sobre interesse coletivo, uma vez que "*ao interesse de alguns na confidencialidade, se contraporia o interesse de outros na publicidade, notadamente para fim de tutela e garantia dos próprios direitos*", conforme ressalva feita no Agravo de Instrumento n. 2114763-14.2022.8.26.0000.

Assim, em que pese o legislador tenha permitido a tramitação em segredo de justiça dos processos relacionados às arbitragens sempre que se comprove a estipulação de confidencialidade, em determinadas hipóteses é necessário que se relativize o sigilo, em defesa do direito de terceiros interessados.

A qualidade da fundamentação de ambas as posições demonstra que, mesmo após as inovações introduzidas pelo CPC de 2015 e pela Lei n. 13.129/2015, a questão da confidencialidade na arbitragem e o trâmite judicial dos processos em segredo de justiça continua a suscitar debate.

É provável, no entanto, que prevaleça a posição em defesa da tramitação em segredo de justiça por se ajustar mais, no tocante à literalidade, aos objetivos do legislador quando editou os artigos 22-C, parágrafo único, da Lei de Arbitragem e o 189, IV, do CPC, já que, muitas vezes, a opção pela arbitragem leva em conta as vantagens da confidencialidade, que se estende aos processos judiciais que sobre ela versem por força dos dispositivos legais mencionados.

De qualquer forma, o ideal seria que o Grupo de Câmaras Reservadas de Direito Empresarial do e. TJSP pudesse uniformizar a jurisprudência sobre esse importante tema, de modo a garantir maior segurança jurídica e previsibilidade.

Referências bibliográficas

BALBINO, Ines; LEMES, Selma Ferreira. *Arbitragem*: temas contemporâneos. São Paulo: Quartier Latin, 2012.

CARMONA, Carlos Alberto; LEMES, Selma Ferreira; BATISTA, Pedro. *20 anos da Lei de Arbitragem*: homenagem a Petrônio R. Muniz. São Paulo: Atlas, 2017.

FICHTNER, José Antonio; MANNHEIMER, Sérgio; MONTEIRO, André. *Novos temas de arbitragem*. Rio de Janeiro: Editora FGV, 2014.

HADDAD, Ana Olívia Antunes. *Transparência no Processo Arbitral*. São Paulo: Almedina, 2021.

LEVY, Daniel; PEREIRA, Setoguti Guilherme. *Curso de Arbitragem*. São Paulo: Thomson Reuters, 2018.

MORAES, Alexandre de. *Constituição do Brasil interpretada e legislação constitucional*. São Paulo: Atlas, 2007.

CAPÍTULO IV

EM BUSCA DO EQUILÍBRIO: REFLEXÕES SOBRE AS AÇÕES ANULATÓRIAS E O NECESSÁRIO PRESTÍGIO À ARBITRAGEM

Introdução

Recentemente, muito se tem alardeado[65] sobre uma suposta elevação na quantidade de anulações de sentenças arbitrais pelo Poder Judiciário, razão pela qual convidamos os leitores a algumas breves reflexões sobre o tema, em especial no que diz respeito ao impositivo balanceamento entre o exercício do controle de legalidade da arbitragem pelas Cortes Estatais e o prestígio às decisões proferidas pelos Tribunais Arbitrais.

65 JOTA. "Alta em pedidos de anulação de sentença estimula insegurança sobre arbitragem". *Jota*, fev. 2023. Disponível em: https://www.jota.info/coberturas-especiais/seguranca-juridica-investimento/alta-em-pedidos-de-anulacao-de-sentenca-estimula-inseguranca-sobre-arbitragem-28032023. Acessado em: 15.05.2025.

Antes, contudo, uma consideração inicial nos parece importante: para que se possa constatar de forma fidedigna o alegado crescimento da quantidade de anulações de sentenças arbitrais pelo Poder Judiciário é essencial a realização de pesquisas e comparações estatísticas confiáveis que apontem para essa conclusão.

Sem esses dados, não é possível saber ao certo a quantidade de sentenças arbitrais proferidas no Brasil em determinado período de tempo, o percentual das quais houve pedido de anulação e seus respectivos fundamentos, muito menos o número exato de casos em que se decidiu pela cassação. Sem períodos certos de comparação, levando em conta os motivos da ação anulatória, não é possível a afirmação a respeito de ter havido e, em caso positivo, o percentual das anulações e seus principais fundamentos.

Nesse ponto, cumpre destacar o trabalho, denominado *Arbitragem em números*, que vem sendo desenvolvido pela Professora Selma Ferreira Lemes com a finalidade de fazer uma espécie de "radiografia do que ocorre no cenário da arbitragem aplicada em Câmaras localizadas em grandes centros brasileiros".[66]

Mais recentemente, em abril de 2024,[67] a Fundação Getúlio Vargas, sob a coordenação do Ministro Luis Felipe Salomão e do Professor Peter Sester, divulgou os resultados parciais[68] de uma pesquisa inédita e relevante sobre as ações anulatórias de sentenças

66 LEMES, Ferreira Sela. "Arbitragem em Números Pesquisa 2021/2022". *Câmaras de Arbitragem*, 2023. Disponível em: canalarbitragem.com.br/wp-content/uploads/2023/10/PESQUISA-2023-1010-0000.pdf. Acessado em: 16.05.2025.

67 BRAGANÇA, Fernanda; SESTER, Peter. "FGV Justiça divulga pesquisa inédita sobre ações anulatórias de sentenças arbitrais". *Consultor Jurídico*, abr. 2024. Disponível em: https://www.conjur.com.br/2024-abr-24/fgv-justica-divulga-pesquisa-inedita-sobre-acoes-anulatorias-de-sentencas-arbitrais/. Acessado em: 16.05.2025.

68 O relatório da pesquisa e o painel interativo com os resultados serão apresentados no Fórum de Lisboa, em junho de 2024.

arbitrais no Brasil, apontando que "*em 68% das apelações das ações anulatórias de sentença arbitral movidas no Brasil entre 2018 e 2023, a decisão da arbitragem foi mantida pelo Poder Judiciário*".[69]

De acordo com as informações disponibilizadas no seminário "Arbitragem e Judiciário", que ocorreu no Centro Cultural da Fundação Getúlio Vargas do Rio de Janeiro,

> *o estudo analisou 358 apelações e 32 recursos especiais. Em segunda instância, no período de 2018 a 2023, a taxa de procedência das ações anulatórias foi de 22,6%. No STJ, a taxa de procedência das ações anulatórias ficou em 9,4% no período de 2018 a 2023.*[70]

Assim, apenas com a divulgação e aprimoramento de estudos dessa natureza é que se pode cogitar (ou não) o crescimento do percentual de anulação de sentenças arbitrais pelo Poder Judiciário, conclusão que pode até ser considerada de difícil aferição em razão do ineditismo da pesquisa.

É dizer: atualmente, devemos valorizar os critérios comparativos isentos e confiáveis para que se evitem conclusões precipitadas e levianas – as quais podem patrocinar algum interesse obscuro que aumente ou diminua o número de sentenças arbitrais anuladas pelo Poder Judiciário.

---

69 RODAS, Sérgio. "Sentença arbitral é mantida pelo Judiciário em 68% das apelações, diz FGV". *Consultor Jurídico*, abr. 2024. Disponível em: https://www.conjur.com.br/2024-abr-19/sentenca-arbitral-e-mantida-pelo-judiciario-em-68-dos-casos-diz-pesquisa-da-fgv/. Acessado em: 16.05.2025.

70 RODAS, Sérgio. "Sentença arbitral é mantida pelo Judiciário em 68% das apelações, diz FGV". *Consultor Jurídico*, abr. 2024. Disponível em: https://www.conjur.com.br/2024-abr-19/sentenca-arbitral-e-mantida-pelo-judiciario-em-68-dos-casos-diz-pesquisa-da-fgv/. Acessado em: 16.05.2025.

De outro lado, embora no momento em que escrevemos este artigo não tenham ainda sido divulgados os dados completos da pesquisa conduzida pela FGV-RJ, impedindo melhor reflexão sobre o efetivo aumento do número de anulações, o fato é que o assunto não pode ser tratado como se fosse um dogma.

Sem dúvida, é importantíssimo debater o tema com profundidade, assimilar as críticas feitas ao instituto da arbitragem e pensar em alternativas e possíveis mudanças que aprimorem a arbitragem no Brasil, prestigiando, ainda mais, a jurisdição privada como uma importante opção às partes que buscam outra via de solução de conflitos que não a do Poder Judiciário.

1 O sistema brasileiro de controle de legalidade das sentenças arbitrais

Com o advento da Lei de Arbitragem em 1996, a declaração da sua constitucionalidade pelo Supremo Tribunal Federal,[71] a adesão do Brasil à Convenção de Nova Iorque sobre o Reconhecimento, a Execução de Sentenças Arbitrais Estrangeiras[72] e a elevação das sentenças arbitrais ao *status* de títulos executivos judiciais (art. 515,

---

71 "(...) 3. *Lei de Arbitragem (L. 9.307/96): constitucionalidade, em tese, do juízo arbitral; discussão incidental da constitucionalidade de vários dos tópicos da nova lei, especialmente acerca da compatibilidade, ou não, entre a execução judicial específica para a solução de futuros conflitos da cláusula compromissória e a garantia constitucional da universalidade da jurisdição do Poder Judiciário (CF, art. 5º, XXXV). Constitucionalidade declarada pelo plenário, considerando o Tribunal, por maioria de votos, que a manifestação de vontade da parte na cláusula compromissória, quando da celebração do contrato, e a permissão legal dada ao juiz para que substitua a vontade da parte recalcitrante em firmar o compromisso não ofendem o artigo 5º, XXXV, da CF*". (STF, SE 5206 AgR, Min. SEPÚLVEDA PERTENCE, Tribunal Pleno, j. 12.12.2001).

72 Inserida no ordenamento jurídico brasileiro pelo Decreto n. 4.311, de 23.07.02.

VII, do CPC[73] e art. 31 da Lei de Arbitragem),[74] é incontroverso que o instituto ganhou grande projeção no Brasil.

Hoje a arbitragem conta com um inegável respeito do Poder Judiciário, representando um importante mecanismo de solução para as mais diversas disputas, em especial de conflitos empresariais.

No entanto, como não poderia deixar de ser, a Lei de Arbitragem não é um sistema de solução de conflitos imune ao controle judicial.

Apesar de autônomo e independente, para assegurar a higidez do instituto, o legislador possibilita que a parte interessada submeta ao Poder Judiciário, no prazo de 90 dias da prolação da sentença (art. 33, § 1º, da Lei de Arbitragem),[75] pedido de declaração de nulidade da sentença arbitral, nas hipóteses previstas no artigo 32 da Lei de Arbitragem.[76]

---

73 "*Art. 515. São títulos executivos judiciais, cujo cumprimento dar-se-á de acordo com os artigos previstos neste Título: (...) VII – a sentença arbitral*".

74 "*Art. 31. A sentença arbitral produz, entre as partes e seus sucessores, os mesmos efeitos da sentença proferida pelos órgãos do Poder Judiciário e, sendo condenatória, constitui título executivo*".

75 "*Art. 33. A parte interessada poderá pleitear ao órgão do Poder Judiciário competente a declaração de nulidade da sentença arbitral, nos casos previstos nesta Lei.*

§ 1º A demanda para a declaração de nulidade da sentença arbitral, parcial ou final, seguirá as regras do procedimento comum, previstas na Lei no 5.869, de 11 de janeiro de 1973 (Código de Processo Civil), e deverá ser proposta no prazo de até 90 (noventa) dias após o recebimento da notificação da respectiva sentença, parcial ou final, ou da decisão do pedido de esclarecimentos".

76 "*Art. 32. É nula a sentença arbitral se:*

I – for nula a convenção de arbitragem;

II – emanou de quem não podia ser árbitro;

III – não contiver os requisitos do art. 26 desta Lei;

IV – for proferida fora dos limites da convenção de arbitragem;

VI – comprovado que foi proferida por prevaricação, concussão ou corrupção passiva;

Mas não é só.

Há também outro critério de aferição da legalidade das sentenças arbitrais: o respeito à ordem pública. Isso é o que preconiza o § 1º do art. 2º da Lei de Arbitragem ao vedar qualquer violação à ordem pública nacional: "*poderão as partes escolher, livremente, as regras de direito que serão aplicadas na arbitragem, desde que não haja violação aos bons costumes e à ordem pública*".

Afinal, em se tratando de arbitragem doméstica, cujo cumprimento se dará em território nacional, é sim impositivo que a sentença arbitral esteja também em conformidade com as leis imperativas, sob pena de decretação da sua nulidade, haja vista o caráter indisponível da ordem pública.

> *As causas da nulidade da sentença arbitral dispostas na Lei de Arbitragem, art. 32, são todas relativas a interesses públicos. Entretanto, eventuais questões de ordem pública que não possam ser incluídas entre estas causas também deverão ser analisadas? O problema é evidentemente posto a partir do art. 18 da Lei de Arbitragem, segundo o qual a sentença arbitral não fica sujeita a recurso ou a homologação. A ordem pública – por seu caráter marcadamente indisponível – não pode, porém, ser objeto de sentença arbitral, pois não pode ser objeto de compromisso e, se não o for e houver decisão a ela atinente, estará fora dos limites da convenção de arbitragem. A ordem pública, portanto, sempre será causa de nulidade da sentença arbitral (Lei de Arbitragem, art. 32, I e IV). Não obstante, ainda é importante analisar a disposição da Lei de Arbitragem, art. 8º, parágrafo único. A afirmação de que cabe ao árbitro a decisão sobre a eficácia, validade e existência da convenção*

VII – proferida fora do prazo, respeitado o disposto no art. 12, inciso III, desta Lei; e

VIII – forem desrespeitados os princípios de que trata o art. 21, § 2º, desta Lei".

> *de arbitragem não é compatível com o afastamento destas da apreciação pelo Judiciário, especialmente com o desenvolvimento da ordem pública. (...) Assim, é possível afirmar que as questões de ordem pública sempre poderão ser objeto de apreciação pelo Judiciário.*[77]

No mesmo sentido, Pedro Batista Martins leciona que tanto as sentenças arbitrais estrangeiras quanto as nacionais estão sujeitas ao controle da ordem pública, sob pena de adotarmos dois pesos e duas medidas para o controle de legalidade das sentenças arbitrais:

> *Conquanto não encontre expressa previsão legislativa, integra-se ao sistema da lei, em linha com os pressupostos que norteiam o ordenamento jurídico nacional. Este, por certo, repudia decisão que afeta, veementemente, os conceitos maiores de ordem pública. E essa decisão tanto pode ser oriunda do estrangeiro como produzida em nosso território. Aliás, nesse particular, a regra é a isonomia. E, se assim é, caso não se permita a anulações de decisões que, flagrantemente, violem a ordem pública, estaremos adotando no Brasil dois pesos e duas medidas para a sentença proferida no exterior e aquela exarada em nossa jurisdição. (...) Se assim é, parece-me inaceitável que se controle a ordem pública em sentenças estrangeiras e o mesmo não aconteça naquelas exaradas em nossa própria jurisdição. Afinal, se há controle da ordem pública em atos e sentenças de outro país, penso que a ratio juris está, justamente, no fato de que o mesmo controle se impõe no Brasil. Por sinal, o fato supera a problemática da discriminação, repudiada pelo nosso sistema jurídico, para atingir o direito fundamental do cidadão a um justo processo de solução de conflitos.*[78]

---

77 COSTA, José Augusto Fontoura; PIMENTA, Rafaela Lacôrte Vitale. "A Ordem Pública na Lei n. 9.307/96". *In*: CASELLA, Paulo Borba. *Arbitragem*: lei brasileira e praxe internacional. 2ª ed. São Paulo: LTR, 1999, pp. 381-382.

78 MARTINS, Pedro Batista. *Apontamentos sobre a Lei de Arbitragem*. 1ª ed. Rio de Janeiro: Forense, 2008, p. 319.

Para melhor compreender o conceito de ordem pública, oportunas as lições do saudoso Ministro Ruy Rosado de Aguiar, ao ponderar que são duas as principais características que servem à definição de questão de ordem pública: a inderrogabilidade de determinadas regras legais pelas partes e o interesse público da sociedade em geral. Confira-se:

> *Consideram-se de ordem pública as disposições que se enquadram nos domínios do Direito Público; entram, portanto, naquela categoria as constitucionais, as administrativas, as penais, as processuais, as de polícia e segurança, e as de organização judiciária". Essas lições todas, apesar de sua generalidade e da preocupação em distinguir normas de diferente natureza, fornecem dois indicativos que nos servem para a definição de questão de ordem pública: a indisponibilidade e o interesse da sociedade. O cerne do conceito de ordem pública está na inderrogabilidade ou na indisponibilidade da lei ou do direito pela parte, com a presença do interesse público predominante. Assim, a) seriam questões de ordem pública aquelas que versam sobre regras inderrogáveis pelas partes; b) indo um pouco adiante, poderia dizer que são inderrogáveis as normas cuja proteção deve ser feita de ofício pelo juiz, independentemente de manifestação das partes. Em resumo, posso dizer que é de ordem pública a questão que versa sobre matéria inderrogável e inafastável pelas partes, em razão do interesse público prevalente que nela se expressa, reconhecível do ofício pelo juiz.*[79]

É forçoso reconhecer, pois, que o Brasil adota um sistema robusto de controle de legalidade das sentenças arbitrais, que é composto por dois pilares: (i) o rol do art. 32 da Lei de Arbitragem,

---

79 AGUIAR JÚNIOR, Ruy Rosado de. "Arbitragem, os precedentes e a ordem pública". *In*: BRASIL. Superior Tribunal de Justiça. *Doutrina*: edição comemorativa: 30 anos do STJ. Brasília: Superior Tribunal de Justiça, 2019, pp. 193-224.

que estipula as hipóteses de nulidade da sentença arbitral; e (ii) a aferição de ausência de ofensa à ordem pública.

E aqui, sem pretensão alguma de tratar das mais diversas nuances que envolvem os precedentes referentes à anulação de sentenças arbitrais, é necessário fazer um breve destaque sobre a jurisprudência pacífica do Superior Tribunal de Justiça e do Tribunal de Justiça de São Paulo quanto à possibilidade do exercício do controle de legalidade da arbitragem. É o que se constata, por exemplo, em casos que envolvem a alegação de violação ao dever de revelação dos árbitros, seja em ação anulatória de sentença arbitral ou de homologação de sentença estrangeira. Vejamos:

- Superior Tribunal de Justiça – SEC n. 9.412/EX:[80] Por ocasião deste julgamento, o. STJ analisou o controle de legalidade da arbitragem à luz do dever de revelação do árbitro. No caso, uma sentença arbitral foi proferida nos Estados Unidos e mantida pela Justiça Federal daquele país, sendo que no momento da homologação da sentença arbitral estrangeira perante a justiça brasileira, uma das partes alegou fatos que impunham o afastamento do árbitro, como (i) o pagamento de honorários feito pela contraparte da arbitragem ao escritório de advocacia do qual o árbitro era sócio e (ii) a confissão do árbitro em não ter realizado a conferência do conflito quando da instituição do procedimento arbitral. Diante desse cenário, o STJ indeferiu o pedido de homologação da sentença arbitral estrangeira com base no fundamento de que a imparcialidade e independência do árbitro são matérias de ordem pública que podem ser apreciadas no juízo de delibação existente no procedimento de homologação de sentença estrangeira. Em seu voto, a Ministra Nancy Andrighi reforçou que (i) o artigo 14

80 STJ, SEC n. 9.412/EX. Rel. Min. Felix Fischer, relator para acórdão Min. João Otávio de Noronha, j. 19.04.2017.

da Lei de Arbitragem possui maior abrangência do que as hipóteses elencadas nos artigos 134 e 135 do Código de Processo Civil, (ii) o dever de revelação permeia todo o curso do procedimento arbitral e (iii) que era dever ético do árbitro renunciar ao cargo ou, ao menos, revelar o recebimento de honorários, fato que poderia razoavelmente conhecer mediante simples investigação no sistema interno de seu próprio escritório.

- 1ª Câmara Reservada de Direito Empresarial do Tribunal de Justiça do Estado de São Paulo – Apelação n. 1056400-47.2019.8.26.0100:[81] No referido caso, a ação anulatória de sentença arbitral com fundamento no artigo 32, inciso II, da Lei de Arbitragem, sob a alegação de que o árbitro deixou de revelar que fora indicado pela contraparte para atuar em outro procedimento arbitral cujas questões de direito eram similares àquelas discutidas no caso concreto. Diante destes fatos, o TJSP concluiu que o dever de revelação impõe a transparência do árbitro ao longo do procedimento arbitral, de forma que seria seu dever informar imediatamente às partes sobre qualquer fato capaz de denotar dúvida justificada acerca de sua imparcialidade para julgar o feito. Por esses motivos e com fundamento na importância da confiança depositada nos árbitros e na violação do dever de revelação do árbitro, o TJSP declarou nula a sentença arbitral.

Portanto, o que se tem é que a existência do sistema de controle de legalidade das sentenças arbitrais pelo Poder Judiciário não significa, de forma alguma, que a anulação seja tarefa fácil ou a regra. Ao contrário, a anulação deve dar-se apenas quando for necessária para sanar graves vícios de ferimento à lei ou à ordem pública.

---

81 TJSP, Apelação n. 1056400-47.2019.8.26.0100, Rel. Des. Fortes Barbosa, j. 25.08.2020.

É o caso, pois, de buscar-se o devido balanceamento entre o exercício do controle de legalidade pelas Cortes Estatais e o necessário prestígio às decisões proferidas pelos Tribunais Arbitrais.

2 Necessidade de prestígio às sentenças arbitrais, sob pena de descrédito da arbitragem

A ação anulatória de sentença arbitral é medida excepcional, cabível para sanar graves vícios, elencados no art. 32 da Lei n. 9.307/1996 ou que violem expressamente os princípios de ordem pública.

Com isso, o legislador pretendeu equiparar a ação anulatória de sentença arbitral à ação rescisória, que sabidamente aplica-se a casos específicos previstos no Código de Processo Civil, sob pena de vulneração à garantia constitucional da coisa julgada.

Essas limitações destinam-se a assegurar a efetividade das sentenças proferidas pelos Tribunais Arbitrais, de modo que a vontade manifestada pelas partes ao celebrarem contrato que contém cláusula compromissória seja devidamente preservada. Em outras palavras, o objetivo do legislador foi impedir a interposição de verdadeiras apelações disfarçadas de ações anulatórias. Justamente por isso, a jurisprudência consolidou-se contrariamente à revisão do mérito, pelo Poder Judiciário, de sentenças arbitrais proferidas em ações anulatórias.

A título exemplificativo, confira-se alguns julgados, dentre dezenas, que reproduzem esse entendimento:

> *Agravo de Instrumento – Ação anulatória de sentença arbitral – Decisão agravada que indeferiu pedido de tutela de urgência para suspender os efeitos da sentença arbitral e execução de título extrajudicial em curso, ajuizada pelas rés em face das autoras – Inconformismo – Não acolhimento – Probabilidade do direito das agravantes que não se verifica*

> – *Hipóteses legais de nulidade da sentença arbitral que são taxativas e que, em exame de cognição sumária, não se mostram configuradas no caso – Exame dos autos que indica que a real pretensão das agravantes é que o Poder Judiciário reveja o mérito do litígio e da sentença arbitral, atuando como instância recursal dos árbitros – Descabimento – Não preenchimento dos requisitos cumulativos do art. 300, caput, do CPC – Decisão agravada mantida – Recurso desprovido.*[82]

> *Arbitragem. Ação anulatória de sentença arbitral. Alegação do autor de que a sentença arbitral ofendeu norma de ordem pública ao reconhecer a prescrição de sua pretensão. Ação anulatória que se presta ao exame de ofensa a norma de ordem pública. Violação que deve ser manifesta e teratológica. A sentença arbitral examinou, fundamentadamente, os argumentos suscitados pelo autor. Ausente ofensa flagrante à norma de ordem pública, a ação anulatória não poderia ser admitida, como bem considerou a sentença. Autor que intenta a revisão judicial de mérito da sentença arbitral que lhe foi desfavorável, pretensão que não pode ser acolhida. Indeferimento da petição inicial mantido. Recurso desprovido.* (TJSP, Apelação n. 1099246-21.2015.8.26.0100, Des. Rel. Alexandre Marcondes, j. 29.7.2019).[83]

---

82 TJSP, Agravo de instrumento n. 2193202-10.2020.8.26.0000, Des. Rel. Grava Brazil, j. 22.10.2020.

83 TJSP, Apelação n. 1099246-21.2015.8.26.0100, Des. Rel. Alexandre Marcondes, j. 29.7.2019. No mesmo sentido: "*Apelação. Ação declaratória de nulidade de sentença arbitral. Improcedência. Validade e eficácia da cláusula arbitral. Sentença proferida em procedimento arbitral não se encontra eivada do alegado vício de falta de fundamentação. Inexistência de transgressão dos limites da convenção de arbitragem. Mera manifestação de inconformismo da parte com a decisão que lhe foi desfavorável. Impossibilidade de rediscussão de matéria já analisada pelo Tribunal Arbitral, órgão competente para dirimir os conflitos que surgirem na relação jurídica estabelecida entre as partes. Sentença mantida. Recurso desprovido*". (TJSP, Apelação n. 1119446-78.2017.8.26.0100, Rel. Des. Azuma Nishi, j. 13.3.2019).

"*Agravo de instrumento. Ação anulatória de sentença arbitral parcial. Decisão agravada que concedeu a tutela de urgência requerida na inicial para*

A doutrina também destaca que o Poder Judiciário não pode ser utilizado pelas partes como uma espécie de "órgão revisor" do mérito dos pronunciamentos proferidos pelo Tribunal Arbitral, sob pena de se desacreditar o instituto da arbitragem e, por consequência, a vontade das partes, em relação ao meio contratado pelas partes para solucionar a disputa:

> *Como é notório, no sistema brasileiro as decisões arbitrais jamais se sujeitam ao controle jurisdicional estatal no que se refere à substância do julgamento, ou seja, ao meritum causae e possíveis errores in judicando; não comportam censura no tocante ao modo como apreciam fatos e provas, ou quanto à interpretação do direito material ou aos pormenores de sua motivação. A definitividade dos pronunciamentos dos árbitros é efeito do livre exercício da autonomia da vontade pelos litigantes, manifestada quando optam por esse meio alternativo. Essa singela e óbvia constatação vale como reflexão destinada a advertir contra os exageros em provocar o controle judicial das sentenças arbitrais. A liberalização desse controle pelos juízes estatais, quando levada a patamares de abuso, seria um perigosíssimo fator de esvaziamento o instituto da arbitragem, pois comprometeria*

---

suspender o procedimento arbitral. Inconformismo. Acolhimento. Requisitos cumulativos do art. 300, do CPC, não preenchidos. Exame da inicial e dos documentos que a acompanham que demonstra não estarem configuradas quaisquer das hipóteses de nulidade taxativamente elencadas no art. 32, da Lei n. 9.307/96. Verdadeiro intuito dos agravados de obter revisão, pelo Poder Judiciário, da decisão dos árbitros, prolatada após pleno e efetivo exercício do contraditório e à luz da lei brasileira aplicável. Inadmissibilidade. Mera irregularidade procedimental que não gera qualquer prejuízo e que, ademais, não tem o condão de ensejar a nulidade da sentença arbitral. Objeto da perícia determinada na sentença arbitral parcial que está claramente delimitado. Competência dos árbitros para decidir sobre a responsabilidade das partes pelos custos da arbitragem, inclusive da perícia. Inexistência, ademais, de risco de dano grave de difícil ou impossível reparação, tendo em vista que, sendo ilíquida a sentença arbitral parcial, não é passível de execução. Decisão agravada reformada. Recurso provido". (TJSP, Agravo de Instrumento n. 2229177-64.2018.8.26.0000, Rel. Des. Grava Brazil, j. 17.12.2018).

os fundamentos e objetivos deste – alongando litígios no tempo, encarecendo a produção da tutela definitiva, conferindo publicidade a assuntos que se pretendia tratar com discrição, renunciando aos conhecimentos especializados dos árbitros. Essa abertura atingiria também, na alma, um dos grandes pressupostos da opção arbitral, que é a boa-fé dos litigantes, que deve levá-los a resignar-se com os azares de uma decisão previamente aceita mediante o compromisso que celebraram. São veementes as palavras do monografista La China a esse respeito, dizendo: "o processo é um risco mas, se desejamos que ele seja célere, esse é um risco que vale a pena correr; não se pode fazer do processo uma interminável choradeira repetitiva, uma lamentosa sequência de censuras que, não por acaso, no jargão corrente são chamadas lamúrias, ou manifestações chorosas de derrotados".[84]

Note-se que de um modo geral as hipóteses previstas na lei para a invalidação da sentença arbitral decorrem de vícios procedimentais. Anula-se ou decreta-se a nulidade da sentença arbitral em razão do error in procedendo, mas a legislação de regência do instituto não contemplou a possibilidade de invalidação da sentença arbitral em função do error in judicando. Diferentemente da ação rescisória da sentença judicial, que é cabível quando houver literal violação de lei, da coisa julgada ou erro de fato, por exemplo, deliberadamente se restringiu o campo da nulidade da sentença arbitral, evitando que a questão decidida pelos árbitros pudesse ser rejulgada em sede judicial. Este princípio da não revisão judicial do conteúdo da sentença arbitral vem sendo reconhecido e consagrado pelo Superior Tribunal de Justiça, em repetidos julgados.[85]

---

84 DINAMARCO, Cândido Rangel. *Nova era do processo civil.* 3ª ed. São Paulo: Malheiros, 2009, p. 43.

85 CARMONA, Carlos Alberto (Coord.). *20 anos da Lei de Arbitragem.* São Paulo: Atlas, 2017, p. 660.

Vê-se, assim, que o entendimento doutrinário e jurisprudencial abarca algo que é essencial ao instituto da arbitragem: a noção de que, salvo disposição expressa, não cabe recurso de apelação contra a sentença arbitral, de modo que a ação anulatória é uma exceção dentro do sistema, devendo ser sempre tratada com esse olhar.

Conclusão

Em síntese, o presente artigo destacou a necessidade de balanceamento entre o exercício do controle de legalidade pelas Cortes Estatais na arbitragem e o prestígio às decisões hígidas proferidas pelos Tribunais Arbitrais.

Conforme demonstrado, o caminho trilhado pela jurisprudência brasileira é adequado já que, de um lado, reconhece que o Poder Judiciário não pode ser utilizado pelas partes como uma espécie de "órgão revisor" do mérito dos pronunciamentos proferidos pelos Tribunais Arbitrais e, de outro, depura a jurisdição privada ao excluir do sistema sentenças arbitrais que contenham vícios graves, elencados taxativamente no art. 32 da Lei n. 9.307/1996 ou que violem expressamente os princípios de ordem pública.

Parece, portanto, que a solução para o aparente dilema envolvendo a anulação de sentenças arbitrais pelo Poder Judiciário passa pelo famoso pensamento de Paracelso, médico e alquimista alemão do período da Renascença: "*a diferença entre o remédio e o veneno está na dose*".

Ou seja, não se pode permitir que as ações anulatórias se transformem em mecanismo de revisão do mérito das sentenças arbitrais utilizado pelas partes insatisfeitas com o desfecho dado pelo Tribunal Arbitral (a colocar em xeque a credibilidade do instituto), mas, ao mesmo tempo, não se pode conceber que sentenças reconhecidamente nulas deixem de ser anuladas apenas pelo suposto dogma da não intervenção do Poder Judiciário nos pronunciamentos arbitrais (o que impediria a depuração natural e a evolução da arbitragem no Brasil).

Referências bibliográficas

AGUIAR JÚNIOR, Ruy Rosado de. "Arbitragem: os precedentes e a ordem pública". *In:* BRASIL. Superior Tribunal de Justiça. *Doutrina*: edição comemorativa: 30 anos do STJ. Brasília: Superior Tribunal de Justiça, 2019.

BRAGANÇA, Fernanda; SESTER, Peter. "FGV Justiça divulga pesquisa inédita sobre ações anulatórias de sentenças arbitrais". *Consultor Jurídico*, abr. 2024. Disponível em: https://www.conjur.com.br/2024-abr-24/fgv-justica-divulga-pesquisa-inedita-sobre-acoes-anulatorias-de-sentencas-arbitrais/https://www.conjur.com.br/2024-abr-24/fgv-justica-divulga-pesquisa-inedita-sobre-acoes-anulatorias-de-sentencas-arbitrais/. Acessado em: 16.05.2025.

CARMONA, Carlos Alberto; LEMES, Selma Ferreira; BATISTA, Pedro. *20 anos da Lei de Arbitragem*: homenagem a Petrônio R. Muniz. São Paulo: Atlas, 2017.

COSTA, José Augusto Fontoura; PIMENTA, Rafaela Lacôrte Vitale. "A Ordem Pública na Lei n. 9.307/96". *In*: CASELLA, Paulo Borba. *Arbitragem*: lei brasileira e praxe internacional. 2ª ed. São Paulo: LTR, 1999.

DINAMARCO, Cândido Rangel. *Nova era do processo civil*. 3ª ed. São Paulo: Malheiros, 2009.

JOTA. "Alta em pedidos de anulação de sentença estimula insegurança sobre arbitragem". *Jota*, fev. 2023. Disponível em: https://www.jota.info/coberturas-especiais/seguranca-juridica-investimento/alta-em-pedidos-de-anulacao-de-sentenca-estimula-inseguranca-sobre-arbitragem-28032023. Acessado em: 15.05.2024.

LEMES, Ferreira Sela. "Arbitragem em Números Pesquisa 2021/2022". *Câmaras de Arbitragem*, 2023. Disponível em: canalarbitragem.com.br/wp-content/uploads/2023/10/PESQUISA-2023-1010-0000.pdf. Acessado em: 16.05.2025.

MARTINS, Pedro Batista. *Apontamentos sobre a Lei de Arbitragem*. 1ª ed. Rio de Janeiro: Forense, 2008.

RODAS, Sérgio. "Sentença arbitral é mantida pelo Judiciário em 68% das apelações, diz FGV". *Consultor Jurídico*, abr. 2024. Disponível em: https://www.conjur.com.br/2024-abr-19/sentenca-arbitral-e-mantida-pelo-judiciario-em-68-dos-casos-diz-pesquisa-da-fgv/. Acessado em: 16.05.2025.

PARTE II

DIREITO SOCIETÁRIO

CAPÍTULO V

CONSIDERAÇÕES ACERCA DA DISSOLUÇÃO DAS SOCIEDADES EM CONTA DE PARTICIPAÇÃO

Introdução

A figura das sociedades em conta de participação constitui um tipo societário peculiar, regulado em poucos artigos no livro *do Direito de Empresa* no Código Civil. Isso não obstante, sua relevância jurídica é reconhecida e celebrada pela doutrina empresarial,[86] uma vez que se trata de um importante instrumento jurídico disponível ao mercado, com recorrente utilização não apenas no setor imobiliário, mas em diversos outros.

Daí a iniciativa de tecer essas breves considerações acerca da dissolução das sociedades em conta de participação.

86 SCALZILLI, João Pedro; SPINELLI, Luis Felipe. *Sociedade em Conta de Participação*. São Paulo: Quartier Latin, 2014, p. 23.

1 Conceito e natureza jurídica

As sociedades em conta de participação foram descritas por WALDEMAR FERREIRA como "*a associação de duas ou mais pessoas, uma ao menos comerciante, sem firma social, para lucro comum em uma ou mais operações comerciais determinadas, acidental ou momentaneamente*".[87]

De fato, era esse o conceito apresentado pelo art. 325 do Código Comercial de 1850:

> *Art. 325 – Quando duas ou mais pessoas, sendo ao menos uma comerciante, se reúnem, sem firma social, para lucro comum, em uma ou mais operações de comércio determinadas, trabalhando um, alguns ou todos, em seu nome individual para o fim social, a associação toma o nome de sociedade em conta de participação, acidental, momentânea ou anônima; esta sociedade não está sujeita às formalidades prescritas para a formação das outras sociedades, e pode provar-se por todo o gênero de provas admitidas nos contratos comerciais (artigo n. 122).*

A sua origem é controvertida na doutrina comercial, mas RICARDO NEGRÃO, citando o historiador francês FERNAND BRAUDEL, destaca a existência de documentos datados entre 1155 e 1164, lavrados por notários genoveses e marselheses, que indicariam sua gênese. Àquela época tais sociedades eram compostas por:

> *um sócio stans (sócio que permanece no local) e um sócio tractor (sócio que embarcava no navio para efetivamente exercer as operações mercantis), e eram constituídas em geral*

87 FERREIRA, Waldemar. *Tratado de Sociedades Mercantis*. 5ª ed. vol. 2. Rio de Janeiro: Editora Nacional, 1958, p. 507.

> *para uma única viagem, que, conforme lembra Braudel, estendia-se por vários meses.*[88]

Posteriormente, essa forma rudimentar de sociedade continuou a ser utilizada como mecanismo de proteção àqueles que desejam exercer a atividade empresarial, mas, de algum modo, querem evitar os riscos oriundos desse exercício.

Nesse particular, CARVALHO DE MENDONÇA, o mais respeitado comercialista brasileiro do século XX, trouxe a brilhante lição acerca dos diversos benefícios das sociedades em conta de participação para o mercado.

> *O fato econômico da participação é um dos mais conhecidos e valiosos no círculo do comércio. O interesse de amparar os riscos que oferecem certas empresas, o desejo ou a necessidade de ocultar o próprio nome em transações ou operações mercantis, a conveniência de poupar despesas com a organização de uma das formas de sociedades dotada com personalidade, a urgência da operação que não permite o cumprimento de múltiplas e demoradas formalidades, a natureza do negócio que exige absoluta reserva etc., tudo isso justifica a combinação, denominada sociedade ou, segundo outros, associação em conta de participação, a qual, não obstante conter reunidos os recursos pecuniários de mais de uma pessoa, não aparece, ao menos juridicamente, nas relações para com terceiros; ao contrário, as transações e operações, objeto dessa combinação, realizam-se sob o nome e a responsabilidade de uma só pessoa, física ou jurídica.*[89]

---

88 NEGRÃO, Ricardo. *Curso de Direito Comercial e de Empresa*: Teoria Geral da Empresa e Direito Societário. 15ª ed. vol. 1. São Paulo: Saraiva, 2019, p. 337.

89 CARVALHO DE MENDONÇA, José Xavier. *Tratado de Direito Comercial Brasileiro*. Livro II, tomo III. 1ª ed. vol. II. Campinas: BookSeller, 2001, p. 259.

Portanto, conforme essa lição, as sociedades em conta de participação são compostas por duas figuras: os sócios ostensivos e os sócios participantes, também chamados de sócios ocultos. Os primeiros (ostensivos) são aqueles que, de fato, realizam e administram a atividade da empresa, sob sua própria e exclusiva responsabilidade. Os segundos (participantes ou ocultos) integram a sociedade para compor a mão de obra ou o capital, visando participar dos resultados correspondentes ao exercício da atividade.

É característica essencial desse tipo societário a ausência de personalidade jurídica, uma vez que não aparece perante terceiros, os quais interagem apenas com o sócio ostensivo, que é quem figura na relação jurídica obrigacional perante empregados, consumidores, fornecedores, etc., sempre contratando em nome próprio. A Sociedade em Conta de Participação, assim, não se apresenta ao mundo jurídico e produz efeitos apenas entre os sócios.

No que diz respeito à sua natureza jurídica, muito já se discutiu na doutrina se a Sociedade em Conta de Participação se classificaria como um negócio jurídico de natureza contratual ou como um vínculo tipicamente societário.

Ao defender a natureza contratual da sociedade em conta de participação, EUNÁPIO BORGES, destaca que:

> *...não tendo ela personalidade jurídica, não podendo adotar um nome comercial próprio – firma ou denominação –, não tendo um patrimônio próprio, o qual se confunde com o do sócio ostensivo, afirme-se sem hesitação que de sociedade tem ela apenas o nome, mas não é verdadeira sociedade.*[90]

No mesmo sentido, JOSÉ EDWALDO TAVARES BORBA afirma que:

90 BORGES, João Eunápio. *Curso de Direito Comercial Terrestre*. 5ª ed. Rio de Janeiro: Forense, 1971, p. 323.

> *A conta de participação apresenta elementos de sociedade – conjunção de recursos para uma exploração comum – mas não reúne os pressupostos necessários à sua classificação como tal. Pode-se, então, afirmar que se trata de um contrato de participação.*[91]

Não obstante essas abalizadas opiniões, a doutrina majoritária ensina que a sociedade em conta de participação é sim de natureza societária.[92] CARVALHO DE MENDONÇA afirmou que "*sendo a sociedade o emprego de forças, de capitais para um fim comum, a sociedade em conta de participação satisfaz essa exigência, pouco importando a situação jurídica dos capitais*".[93]

Nesse sentido, é muito oportuno mencionar o precedente da relatoria do eminente Desembargador CESAR CIAMPOLINI, que, ao julgar recurso interposto por um sócio oculto que pretendia retirar-se da sociedade, destacou que a controvérsia deveria ser julgada sob prisma societário, uma vez que

> *o próprio legislador viu características societárias na sociedade em conta de participação. Tanto que, na letra da lei (art. 996 do Código Civil), está claramente assentado que se lhe aplica, subsidiariamente e no que couber, "o disposto para as sociedades simples".*

---

91 BORBA, José Edwaldo Tavares. *Direito Societário*. 3ª ed. Rio de Janeiro: Freitas Bastos, 1997, p. 71.

92 MIRANDA, Francisco Cavalcanti Pontes de. *Tratado de Direito Privado*. 3ª ed. Rio de Janeiro: Revista dos Tribunais, 1984, p. 320; BULGARELLI, Waldirio. *Sociedades Comerciais*: Sociedades Civis e Cooperativas, Empresas e Estabelecimento Comercial. 10ª ed. São Paulo: Atlas, 2001, p. 49; SZTAJN, Rachel. *Contrato de sociedade e formas societárias*. São Paulo: Saraiva, 1989, p. 70.

93 CARVALHO DE MENDONÇA, José Xavier. *Tratado de Direito Comercial Brasileiro*. Livro II, tomo III. 1ª ed. vol. II Campinas: BookSeller, 2001, p. 259.

O v. acórdão relatado por Sua Excelência ficou assim ementado:

> *Ação indenizatória visando à devolução de investimentos feitos em sociedade em conta de participação. Reconvenção da sociedade e de seus sócios buscando reparação por danos materiais e morais. Sentença de improcedência da ação principal e da reconvenção. Apelações das partes. Constituição de sociedade em conta de participação, em que o autor figurava como sócio oculto. Ressalvadas as peculiaridades da sociedade em conta de participação (motivo da existência do art. 996 do Código Civil, que dispõe que sua liquidação se faz via ação de prestação de contas), a saída do sócio oculto tem a mesma natureza jurídica da saída de sócio nas sociedades em geral, devendo-se observar o disposto no art. 1.031 do Código Civil. Quem toma a iniciativa de empreender não pode escapar da lógica decorrente do sistema econômico em que vivemos, da livre iniciativa. Improcedência, portanto, da pretensão do sócio oculto de receber, pura e simplesmente, de volta o aporte investido na sociedade. O que lhe cabe são os resultados nela apurados, na proporção de sua quota no capital. Já do art. 966 do Código Civil decorre o reconhecimento das características societárias da conta de participação, determinando o dispositivo se lhe aplique, no que couber, "o disposto para as sociedades simples" (ARMANDO ROVAI). Apelação do autor desprovida e dos corréus provida para tal fim.*[94]

Pelo exposto, é forçoso reconhecer que o Código Civil concedeu, expressamente, natureza jurídica societária à sociedade em conta de participação (cf. art. 991 e seguintes), a qual pode ser sucintamente definida como o ente despersonificado em que a atividade constitutiva do objeto social é exercida unicamente pelo

---

94 TJSP, Apelação n. 1006710-39.2016.8.26.0008, Rel. Des. Cesar Ciampolini, j. 23/10/2019.

sócio ostensivo, sob sua exclusiva responsabilidade, participando os sócios ocultos dos resultados correspondentes.

3 Regime jurídico aplicável

O regime jurídico aplicável às sociedades em conta de participação é disciplinado pelos artigos 991 a 996 do Código Civil. E, por força do artigo 996 do Código Civil, na eventual omissão, "*aplica-se à sociedade em conta de participação, subsidiariamente e no que com ela for compatível, o disposto para a sociedade simples*", que é regulada pelos artigos 997 a 1.038.

Obviamente que a aplicação supletiva de regras tem como limite a compatibilidade das normas entre os tipos societários, de modo que não se aplicam regras das sociedades simples que sejam incompatíveis com o regramento específico das sociedades em conta de participação. Isso significa, por exemplo, que, por serem as sociedades em conta de participação entes despersonificados, não se aplicam as regras das sociedades simples relativas às formalidades de constituição, registro, publicidade e relação com terceiros.

Importante destacar que as normas que regem a dissolução das sociedades simples são integralmente aplicáveis à relação havida entre sócios ostensivos e sócias participantes, afinal, além da ausência de normas especificas que regulem o tema nos artigos 991 a 996, existe total compatibilidade do regramento das sociedades em conta de participação com o teor dos artigos n. 1.033 e 1.034 do Código Civil.

4 Hipóteses legais de dissolução

As sociedades em conta de participação, portanto, dissolvem-se pelas mesmas causas das sociedades simples, uma vez que, insista-se, não há nessa matéria qualquer incompatibilidade que afaste a aplicação supletiva imposta por força do art. 996 do Código Civil.

ARNOLDO WALD ensina que:

> *a dissolução da sociedade* (em conta de participação) *será procedida com as disposições dos artigos 1.033 e 1.034, acrescentando-se, ao elenco de situações que suscitam a dissolução, a falência do sócio ostensivo, conforme estipula o § 2º, do art. 994.*[95]

Ao regular as causas ordinárias de dissolução das sociedades simples, o artigo n. 1.033 do Código Civil elencou cinco hipóteses:

> *I – o vencimento do prazo de duração, salvo se, vencido este e sem oposição de sócio, não entrar a sociedade em liquidação, caso em que se prorrogará por tempo indeterminado; II – o consenso unânime dos sócios; III – a deliberação dos sócios, por maioria absoluta, na sociedade de prazo indeterminado; IV – a falta de pluralidade de sócios, não reconstituída no prazo de cento e oitenta dias; V – a extinção, na forma da lei, de autorização para funcionar.*

MARCELO FORTES BARBOSA FILHO leciona que a dissolução com base nessas causas ordinárias se dá pela "*simples conjugação de fatos ou pela efetiva manifestação da vontade singular ou coletiva*".[96]

No que diz respeito à manifestação coletiva da vontade dos sócios, cumpre refletir se é válida a deliberação tomada em assembleia pela maioria absoluta dos sócios para a dissolução da sociedade que contrataram.

---

95 WALD, Arnoldo. *Comentários ao Novo Código Civil*. Livro II. vol. 14. Rio de Janeiro: Forense, 2005, p. 111.

96 BARBOSA FILHO, Marcelo Fortes. *Código Civil comentado*: doutrina e jurisprudência. 11ª ed. rev. e atual. Barueri: Manole, 2017, p. 980.

Ou seja, é possível que a maioria absoluta do capital social – representando mais da metade do capital a que se refere o art. 994 do Código Civil – se reúna e delibere pela dissolução da sociedade em conta de participação (art. 1.033, inciso III, do Código Civil)?

Entendemos que, caso não haja disposição em sentido contrário no contrato social, é válida a deliberação tomada pela maioria absoluta dos sócios para a dissolução da sociedade em conta de participação entre eles havida, cumprindo-se o quórum exigido pelo art. 1.033, III, do Código Civil, aplicável por força do disposto no art. 996.

Isso porque, na omissão do contrato social, aplica-se à sociedade em conta de participação o regramento das sociedades simples, que apenas exige unanimidade para as matérias elencadas no art. 997 do Código Civil, podendo as demais, "*ser decididas por maioria absoluta de votos, se o contrato não determinar a necessidade de deliberação unânime*", nos termos do art. 999.

Destaque-se, a respeito, o Enunciado n. 385, da IV Jornada de Direito Civil do Conselho da Justiça Federal:

> *Art. 999: A unanimidade exigida para a modificação do contrato social somente alcança as matérias referidas no art. 997, prevalecendo, nos demais casos de deliberação dos sócios, a maioria absoluta, se outra mais qualificada não for prevista no contrato.*

Logo, para as matérias que não se encontrem listadas no art. 997, que é taxativo, e não havendo estipulação contratual de unanimidade, o quórum será de maioria absoluta, contados segundo a participação de cada um no capital ou patrimônio especial a que se refere o art. 994 do Código Civil.

Portanto, a partir da interpretação sistemática da legislação societária, conclui-se que não é apropriado exigir a unanimidade na votação que delibera pela dissolução da sociedade em conta de participação, que só é exigida, salvo estipulação contratual, para as modificações do contrato e das matérias indicadas no art. n. 997 do Código Civil.

Por sua vez, o art. n. 1.034 do Código Civil[97] cuida das causas extraordinárias de dissolução das sociedades simples, quais sejam, (i) anulação do ato de constituição, (ii) exaurimento do fim social, ou (iii) verificação da inexequibilidade do objeto da empresa. Nesses casos específicos, por força da norma expressa, é necessário reconhecimento judicial para que se considere dissolvida a sociedade.

No caso das sociedades em conta de participação, além das hipóteses previstas nos artigos n. 1.033 e n. 1.034, a falência do sócio ostensivo também acarreta "*a dissolução da sociedade e a liquidação da respectiva conta, cujo saldo constituirá crédito quirografário*", nos termos do artigo 994, § 2º, do Código Civil.

Em suma, diante da natureza societária da sociedade em conta de participação, nas hipóteses de causas ordinárias, previstas no art. n. 1033 do Código Civil, a dissolução se faz extrajudicialmente em assembleia dos sócios para tanto regularmente convocada. Exclusivamente nas causas extraordinárias previstas no art. n. 1034 é que a dissolução deverá ser judicial.

5 Liquidação

Deflagrada a dissolução da sociedade em conta de participação, impõe-se liquidá-la, e o art. 996 do Código Civil dispõe que a liquidação "*rege-se pelas normas relativas à prestação de contas, na forma da lei processual*".

---

97 "*Art. 1.034. A sociedade pode ser dissolvida judicialmente, a requerimento de qualquer dos sócios, quando: I – anulada a sua constituição; II – exaurido o fim social, ou verificada a sua inexeqüibilidade*".

Conforme bem destacam JOÃO PEDRO SCALZILLI e LUIS FELIPE SPINELLI, na dissolução desse tipo societário:

> *não há necessidade de seguir o procedimento de liquidação típico dos demais tipos societários, uma vez que não existem interesses externos (credores) a serem tutelados; a liquidação da conta de participação objetiva, principalmente, (ou, talvez, unicamente), satisfazer os interesses dos sócios. O sócio ostensivo, mesmo após a liquidação e consequentemente extinção da conta de participação, continua garantindo os credores; não existe, portanto, qualquer proteção especial dos credores.*[98]

Portanto, dissolvida a sociedade, seja por causa ordinária ou extraordinária, deve haver um levantamento de contas (ativo *vs.* passivo) a ser feito pelo sócio ostensivo para se apurar o eventual montante devido a cada um dos sócios participantes.

É válido observar que essa forma simplificada de liquidação é utilizada como pretexto àqueles que negam a natureza societária da sociedade em conta de participação. Mesmo assim, a doutrina majoritária, aqui representada pelo ilustre Prof. JOSÉ ALEXANDRE TAVARES GUERREIRO, rebate esse ponto com o seguinte argumento:

> *essa peculiaridade não desnatura o caráter societário da sociedade em conta de participação e não a reduz a mero contrato bilateral em que as "relações entre os sócios se liquidam por ajuste de contas ou prejuízos de negócios empreendidos". Mais que o modus procedimental da apuração de haveres, ou que sua designação formal, importa a realidade da existência de fundos sociais.*[99]

---

98 SCALZILLI, João Pedro; SPINELLI, Luis Felipe. *Sociedade em Conta de Participação*. São Paulo: Quartier Latin, 2014, p. 309.

99 GUERREIRO, José Alexandre Tavares. "Comentários de jurisprudência". *Revista de Direito Mercantil, Industrial, Econômico e Financeiro*, São Paulo, vol. 23, nº 54, abr./jun. 1984, p. 126.

Em regra, nas causas ordinárias de dissolução, a liquidação ocorre de forma extrajudicial, porquanto, há consenso entre as partes acerca do desfazimento da sociedade. Todavia, nada impede que os sócios, insatisfeitos com a prestação de contas, utilizem-se da previsão do art. 996 do Código Civil e pretendam que o sócio ostensivo preste contas em juízo.

Nas causas extraordinárias de dissolução, a prestação de contas – na forma do art. 551, *caput*, do Código de Processo Civil[100] – é sempre em juízo, afinal, caso seja julgado procedente o pedido de prestação de contas – art. 550, § 5º, do Código de Processo Civil[101] –, o sócio ostensivo terá o prazo de 15 dias para apresentá-las, sob pena de não lhe ser lícito impugnar o cálculo que o sócio participante apresentar.

Conclusão

Como visto, a sociedade em conta de participação pode ser conceituada como um ente despersonificado em que a atividade constitutiva do objeto social é exercida unicamente pelo sócio ostensivo, sob sua responsabilidade exclusiva, participando os sócios ocultos dos resultados correspondentes. E a sua natureza jurídica é societária, conforme estabelecido pelos artigos 991 e seguintes do Código Civil.

A sua dissolução ocorre a partir da configuração de qualquer uma das hipóteses previstas pelos artigos 1.033 e 1.034, e, também,

---

100 *Art. 551. As contas do réu serão apresentadas na forma adequada, especificando-se as receitas, a aplicação das despesas e os investimentos, se houver.*

101 *Art. 550. Aquele que afirmar ser titular do direito de exigir contas requererá a citação do réu para que as preste ou ofereça contestação no prazo de 15 (quinze) dias. (...) § 5º* A decisão que julgar procedente o pedido condenará o réu a prestar as contas no prazo de 15 (quinze) dias, sob pena de não lhe ser lícito impugnar as que o autor apresentar.

em caso de falência do sócio ostensivo, conforme estipula o § 2º, do art. 994, todos do Código Civil.

Importante destacar que é válida a deliberação tomada pela maioria absoluta dos sócios para que se dissolva a sociedade em conta de participação entre eles havida, desde que seja alcançado o quórum exigido pelo art. 1.033, inciso III, do Código Civil, aplicável por força do disposto no art. 996 do mesmo diploma.

Assim, é inexigível a unanimidade na votação que delibera pela dissolução da sociedade em conta de participação que tem prazo indeterminado. Para esse tipo de sociedade, inexistindo disposição contratual, a unanimidade restringe-se às modificações do contrato social e às matérias indicadas no art. 997 do Código Civil.

No mais, dissolvida a sociedade em conta de participação, seja por causa ordinária ou extraordinária, deve haver um levantamento de contas (ativo *vs.* passivo) feito pelo sócio ostensivo para apurar o eventual montante devido a cada um dos sócios participantes. E pode ser extrajudicial caso haja consenso acerca dos valores discutidos, ou judicial, nos termos do art. 550 e seguintes do Código de Processo Civil.

Referências bibliográficas

BARBOSA FILHO, Marcelo Fortes. *Código Civil comentado*: doutrina e jurisprudência. 11ª ed. rev. e atual. Barueri: Manole, 2017.

BORBA, José Edwaldo Tavares. *Direito societário*. 3ª ed. Rio de Janeiro: Freitas Bastos, 1997.

BORGES, João Eunápio. *Curso de Direito Comercial Terrestre*. 5ª ed. Rio de Janeiro: Forense, 1971.

BULGARELLI, Waldirio. *Sociedades Comerciais*: Sociedades Civis e Cooperativas, Empresas e Estabelecimento Comercial. 10ª ed. São Paulo: Atlas, 2001.

CARVALHO DE MENDONÇA, José Xavier. *Tratado de Direito Comercial Brasileiro*. Livro II, tomo III. 1ª ed. vol. II. Campinas: BookSeller, 2001.

FERREIRA, Waldemar. *Tratado de Sociedades Mercantis*. 5ª ed. vol. II. Rio de Janeiro: Editora Nacional, 1958.

GUERREIRO, José Alexandre Tavares. "Comentários de jurisprudência". *Revista de Direito Mercantil, Industrial, Econômico e Financeiro*, São Paulo, vol. 23, nº 54, abr./jun. 1984.

NEGRÃO, Ricardo. *Curso de Direito Comercial e de Empresa*: Teoria Geral da Empresa e Direito Societário. 15ª ed. vol. 1. São Paulo: Saraiva, 2019.

PONTES DE MIRANDA, Francisco Cavalcanti Pontes de. *Tratado de Direito Privado*. 3ª ed. vol. 49. Rio de Janeiro: Revista dos Tribunais, 1984.

SCALZILLI, João Pedro; SPINELLI, Luis Felipe. *Sociedade em Conta de Participação*. São Paulo: Quartier Latin, 2014.

SZTAJN, Rachel. *Contrato de sociedade e formas societárias*. São Paulo: Saraiva, 1989.

WALD, Arnoldo. *Comentários ao Novo Código Civil*: v. XIV: Livro II, do Direito de Empresa. Coordenador: Sálvio de Figueiredo Teixeira. Rio de Janeiro: Forense, 2005.

CAPÍTULO VI

BREVES LINHAS SOBRE O REGIME DE RESPONSABILIDADE CIVIL DOS ADMINISTRADORES DE SOCIEDADES LIMITADAS

Introdução

No presente artigo convidamos os leitores a algumas breves reflexões sobre o regime de responsabilidade civil dos administradores das sociedades limitadas, tema que merece especial atenção não apenas por sua relevância acadêmica, mas principalmente por sua importância prática, tendo em vista que as limitadas representam o tipo societário mais utilizado em nosso país.[102]

---

102 "*De acordo com pesquisa realizada no website da Junta Comercial do Estado de São Paulo, entre janeiro de 2002 e outubro de 2020, considerando as sociedades empresárias ativas, foram abertas 1.088.674 sociedades limitadas. No mesmo período, foram abertas, dentre as sociedades ativas, 14.847 sociedades por ações, 8 sociedades em comandita simples, 5 sociedades em nome coletivo e 2 sociedades em comandita por ações*". (CUNHA, Fernando Antonio Maia da. *Autonomia patrimonial das sociedades limitadas vs. Desconsideração da personalidade jurídica*: desafios e perspectivas da Lei

Para tanto, traçaremos um breve panorama acerca das principais características da responsabilidade civil dos administradores das limitadas, destacando os dispositivos legais que a regem, bem como elencando alguns pontos que merecem especial atenção dos intérpretes do Direito Empresarial.

1 Os diferentes eixos da responsabilidade civil dos administradores

O regime de responsabilidade civil dos administradores de qualquer que seja o tipo societário é um tema muito caro ao Direito Empresarial "*em razão do fenômeno representado pela separação entre propriedade e gestão, de sorte que eventuais desequilíbrios nessa equação podem mesmo comprometer o funcionamento eficiente da companhia*".[103]

É certo que quanto maior for a harmonia entre a propriedade e a gestão do patrimônio social – ou seja, entre os interesses dos administradores no exercício da gestão das sociedades e os sócios titulares do patrimônio – são menores os riscos de ocorrência de litígios.

Contudo, é com base na chance de desarmonia que exsurge a relevância do estudo da figura da responsabilidade civil dos administradores, a qual pode ser analisada, ao menos, sob dois eixos principais: (i) a necessidade de reparação de danos eventualmente causados pelos administradores no exercício de suas funções; e

---

de Liberdade Econômica (Lei n. 13.874 de 20 de setembro de 2019). São Paulo: Contracorrente, 2021, p. 60).

103 Conforme a lição de LUIZ ANTONIO DE SAMPAIO CAMPOS referente aos deveres e responsabilidades dos administradores de sociedades anônimas, mas que se aplica inteiramente aos administradores dos outros tipos societários. Em: LAMY FILHO, Alfredo; PEDREIRA, José Luiz Bulhões (Coord.). *Direito das Companhias*. Rio de Janeiro: Forense, 2017, p. 790.

(ii) como um sistema de controle da atuação dos administradores. Nesse sentido, é a lição de NELSON EIZIRIK:

> *Em primeiro lugar, como ocorre na responsabilidade civil em geral, tem a função de reparação de dano, mediante a qual o sistema jurídico visa propiciar ao lesado a recomposição de seu patrimônio. A responsabilidade civil, em quase todos os sistemas legais sofreu uma evolução importante a partir do início do século XX, perdendo seu caráter sancionador em prol da função reparadora, como instrumento de manutenção e equilíbrio social nas relações privadas.*
>
> *Em segundo lugar, o sistema de responsabilidade civil também constitui um meio de controle da atuação dos administradores, os quais, por ocuparem um órgão de gestão, com grande autonomia, concentram um importante poder decisório; mediante tal sistema, busca-se um equilíbrio entre poder e responsabilidade. As normas sobre responsabilidade dos administradores buscam impedir que eles exerçam seus poderes em proveito próprio ou de forma negligente.*[104]

Como se vê, trata-se de uma temática que exige ponderação, pois, conforme a reflexão de MARCELO VON ADAMEK, a responsabilidade civil dos administradores "*de um lado, não pode ser tratada com excessiva liberdade*" e

> *de outro, também não deve incidir no vício oposto – pois os excessos do legislador outro efeito não teriam senão limitar a atuação de pessoas conscienciosas, capacidades e bem intencionadas, afastando-as da direção das empresas, para em seu lugar atrair os aventureiros e os oportunistas,*

---

104 EIZIRIK, Nelson. *A Lei das S/A Comentada*. vol. 3. São Paulo: Quartier Latin, 2021, p. 200.

> *trazendo como consequências a ineficiência e a irresponsabilidade na condução dos negócios.*[105]

Daí o consenso de que a adequada regulação do sistema de responsabilidade civil dos administradores é essencial ao bom funcionamento das sociedades.

2 O regime de responsabilidade civil dos administradores de limitadas

As sociedades limitadas são reguladas pelos arts. n. 1.052 a 1.087 do Código Civil e a sua administração compete à Diretoria, composta "*por uma ou mais pessoas designadas no contrato social ou em ato separado*" (art. 1.060).[106]

A expressão "pessoas" utilizada pelo art. 1.060 já foi objeto de ampla discussão em razão dos questionamentos acerca da possibilidade de a administração dar-se também por meio de pessoas jurídicas ou se essa função seria limitada exclusivamente às pessoas naturais, em razão dos comandos contidos nos arts. n. 1.054,[107] 997, VI[108] e n. 1.062, § 2º[109] do Código Civil. Contudo,

---

105 ADAMEK, Marcelo Vieira Von. "Responsabilidade civil dos administradores de sociedade no Direito brasileiro". *In*: COELHO, Fábio Ulhoa; RIBEIRO, Maria de Fátima (Coord.). *Questões de Direito Societário em Portugal e no Brasil*. São Paulo: Almedina, 2012, p. 95.

106 "*Art. 1.060. A sociedade limitada é administrada por uma ou mais pessoas designadas no contrato social ou em ato separado*".

107 "*Art. 1.054. O contrato mencionará, no que couber, as indicações do art. 997, e, se for o caso, a firma social*".

108 "*Art. 997. A sociedade constitui-se mediante contrato escrito, particular ou público, que, além de cláusulas estipuladas pelas partes, mencionará:*

VI – as pessoas naturais incumbidas da administração da sociedade, e seus poderes e atribuições".

109 Cf. o Manual de Registro das Sociedades Limitadas, previsto na Instrução Normativa DREI 81/2020.

atualmente, a matéria parece estar pacificada já que a maioria da doutrina seguiu o caminho de que as sociedades limitadas somente podem ser administradas por pessoas naturais,[110] entendimento que também foi adotado pelo Registro Público de Empresas Mercantis.[111]

Oportuno destacar que para fins de administração da sociedade limitada, também é possível a criação de um Conselho de Administração, nos casos em que houver a aplicação supletiva da Lei das Sociedades Anônimas.[112]

No que tange propriamente à disciplina do tema da responsabilidade civil dos administradores de sociedades limitadas, a doutrina, desde a vigência do Decreto n. 3.708/1919[113] até o

---

110 Sobre essa temática, confira-se as elucidativas lições de ALFREDO DE ASSIS GONÇALVES NETO: "*A questão de ser possível a administração da sociedade limitada por pessoa jurídica, que defendi em meus escritos, parece estar superada com a consagração do entendimento oposto a que aderiu a maioria de nossos doutrinadores e que foi encampado pelo Registro Público de Empresas Mercantis*". (GONÇALVES NETO, Alfredo de Assis. *Empresa Individual de Responsabilidade Limitada e Sociedades de Pessoas*. São Paulo: Revista dos Tribunais, 2023, p. 434).

111 "*Art. 1.062. O administrador designado em ato separado investir-se-á no cargo mediante termo de posse no livro de atas da administração.*

§ 2º Nos dez dias seguintes ao da investidura, deve o administrador requerer seja averbada sua nomeação no registro competente, mencionando o seu nome, nacionalidade, estado civil, residência, com exibição de documento de identidade, o ato e a data da nomeação e o prazo de gestão".

112 TOLEDO, Paulo Fernando Campos Salles de. "As Sociedades Limitadas podem ter Conselho de Administração?" *In*: AZEVEDO, Luís André de Moura; CASTRO, Rodrigo Monteiro de (Coord.). *Poder de controle e outros temas de Direito Societário e Mercado de Capitais*. São Paulo: Quartier Latin, 2010, pp. 358-372.

113 Nas palavras de EGBERTO LACERDA TEIXEIRA: "*Tristemente lacunoso e defeituoso o Decreto no 3.708, de 10 de janeiro de 1919, em tudo quanto diz respeito à administração das socie-s por quotas, de responsabilidade limitada. Indesculpável a incúria e a negligência com que o legislador brasileiro enfrentou, ou deixou de enfrentar, tão magno assunto. Nem sequer falta de precedentes históricos pode ser invocada como circunstância atenuante. Inspirando-se, confessadamente, na lei alemã de 1892 e, mais próxima e*

atual Código Civil de 2002, tece firmes críticas ao legislador pela regulação demasiadamente sucinta da matéria, quando comparada, por exemplo, com as disposições contidas na Lei das Sociedades Anônimas (Lei n. 6.404/1976).[114]

Com efeito, a redação do artigo 10 do Decreto n. 3.708/1919, que regulou as sociedades por quotas de responsabilidade limitada durante mais de oitenta anos – até a entrada em vigor do Código Civil de 2002 –, fazia alusão, num único e singelo dispositivo, à responsabilização dos administradores nas hipóteses de excesso de mandato e pelos atos praticados em violação à lei ou ao contrato social:

> *Art. 10. Os socios gerentes ou que derem o nome á firma não respondem pessoalmente pelas obrigações contrahidas em nome da sociedade, mas respondem para com esta e para com terceiros solidaria e illimitadamente pelo excesso de mandato e pelos actos praticados com violação do contracto ou da lei.*

No atual Código Civil, o regramento continuou deficiente, já que o capítulo das sociedades limitadas não possui regras específicas

---

diretamente, no estatuto português de 1901, pecaram, de forma irremissível, os parla- mentares brasileiros quando, tendo à mão o modelo lusitano, preferiram, contudo, omitir-se. Dessa omissão resulta que os problemas fundamento-tais relativos à gerência, à co-gerência, à destituição de administradores, à forma de convocação e instalação das assembléias ou reuniões de quotistas, ao quorum necessário à discussão e votação de certas matérias, à responsabilidade dos gerentes perante a sociedade e, notadamente, da sociedade perante terceiros em caso de abuso ou excesso de poderes, e muitos outros assuntos de extrema gravidade deixaram de ser encarados pelo Decreto no 3.708". (TEIXEIRA, Egberto de Lacerda; TOZZINI, Sylas; BERGER, Renato. *Das Sociedades por Quotas de Responsabilidade Limitada*. 2ª ed. São Paulo: Quartier Latin, 2006, p. 104).

114 ADAMEK, Marcelo Vieira Von. "Responsabilidade civil dos administradores de sociedade no Direito brasileiro". *In*: COELHO, Fábio Ulhoa; RIBEIRO, Maria de Fátima (Coord.). *Questões de Direito Societário em Portugal e no Brasil*. São Paulo: Almedina, 2012, p. 93.

sobre o regime de responsabilidade civil dos seus administradores. Há apenas o comando do art. 1.064, que dispõe que "*o uso da firma ou denominação social é privativo dos administradores que tenham os necessários poderes*", conforme a anotação de JOSÉ WALDECY LUCENA:

> *De fato, ao disciplinar a responsabilidade dos administradores da sociedade limitada, o Código dedicou-lhe apenas um artigo, cuja regra está muito aquém daquelas constantes do Decreto revogado: "Art. 1.064. O uso da firma ou denominação social é privativo dos administradores que tenham os necessários poderes". Claro que aí está embutida a teoria do abuso e desvio de poder, mas a disposição haveria de mencionar, entre outros elementos essenciais, pelo menos o excesso de mandato e os atos praticados com violação do contrato ou da lei, com expressamente o fez o artigo 10, do Decreto n. 3.708.*[115]

Ainda de acordo com LUCENA,[116] é provável que o legislador do Código Civil de 2002 tenha se valido apenas do art. 1.064 para tratar da responsabilidade civil dos administradores das sociedades limitadas em razão da regência supletiva prevista no art. 1.053, prestigiando, assim, o regramento das sociedades simples ou das sociedades anônimas. Isso, todavia, não supriu o equívoco de uma disposição tão singela para um tema tão relevante.

---

115 LUCENA, José Waldecy. *Das Sociedades Limitadas*. 5ª ed. Rio de Janeiro: Renovar, 2003, p. 440.

116 "*Talvez os projetistas do Código tenham se omitido a respeito porque indicaram, como regência normativa supletiva da sociedade limitada, as "normas da sociedade simples" (art. 1.053), e, na disciplina desta, encontram-se algumas disposições pertinentes ao tema, como, v.g, os artigos 1.013, § 2º, 1.016 e 1.017. Ocorre, no entanto, que, tendo disciplinado a administração da sociedade limitada, cumpria ao Código reportar-se especificamente àquelas disposições, se essa era realmente sua intenção, e não deixar a disciplina da matéria a meio caminho como feito*". (LUCENA, José Waldecy. *Das Sociedades Limitadas*. 5ª ed. Rio de Janeiro: Renovar, 2003, p. 441).

Diante da modéstia do tratamento legal, cumpre observar as regras supletivas das sociedades simples ou das sociedades anônimas acerca do tema, tal como observa ARNOLDO WALD:

> *O novo Código Civil não traz regras próprias sobre os deveres e o regime de responsabilidade dos administradores das sociedades limitadas. No artigo ora comentado* (art. 1.064 do Código Civil), *faz menção apenas que são os administradores com poderes necessários que podem atuar em nome da sociedade e obrigá-la. Diante desta singela norma, deve-se buscar na regra supletiva o regime de responsabilidade dos administradores, bem como verificar os seus poderes e deveres.*[117]

Lembre-se que, como regra geral, as sociedades limitadas regem-se pelas regras específicas previstas em seu capítulo próprio (arts. 1.052 a 1.087 do Código Civil). Nas hipóteses de omissão (como é o caso do regime de responsabilidade civil dos administradores), contudo, o art. 1.053, *caput*, do Código Civil determina que "*a sociedade limitada rege-se, nas omissões deste Capítulo, pelas normas da sociedade simples*". O parágrafo único do dispositivo permite, ainda, que o contrato social estabeleça "*a regência supletiva da sociedade limitada pelas normas da sociedade anônima*".

A doutrina destaca que com essas duas possibilidades de regência supletiva, o legislador quis:

> *possibilitar aos sócios a seguinte opção de supletividade, a ser escolhida segundo seus interesses e conveniências: a) a adoção de um modelo supletivo mais simples, quando reportado às pequenas e médias empresas (estas quando de poucos sócios), reservando-lhes então o tipo da sociedade simples ("caput"); b) a adoção de um modelo supletivo mais*

117 WALD, Arnoldo. *Comentários ao Novo Código Civil*: do Direito de Empresa. Livro II. vol. 14. Rio de Janeiro: Forense, 2005, pp. 429-430.

> *complexo, quando referido às médias empresas (estas quando de muitos sócios) e às grandes empresas, reservando-lhes então o tipo da sociedade anônima (parágrafo único).*[118]

Logo, para que se delimite o arcabouço normativo aplicável ao regime de responsabilidade dos administradores das limitadas é necessário analisar se as partes dispuseram no contrato social que a regência supletiva será pelas normas referentes às sociedades anônimas ou das sociedades simples.

Pois bem. Se incidirem as regras das sociedades simples, cumpre observar os seguintes dispositivos para a adequada interpretação do regime de responsabilidade civil dos administradores: (i) art. 1.011,[119] que trata o dever de diligência dos administradores no exercício de suas funções, (ii) arts. 1.013[120] e 1.014,[121] que versam sobre a atuação conjunta e separada dos administradores e suas consequências; (iii) art. 1.015,[122] que regula os poderes dos admi-

---

118 LUCENA, José Waldecy. *Das Sociedades Limitadas*. 5ª ed. Rio de Janeiro: Renovar, 2003, p. 99.

119 "*Art. 1.011. O administrador da sociedade deverá ter, no exercício de suas funções, o cuidado e a diligência que todo homem ativo e probo costuma empregar na administração de seus próprios negócios*".

120 "*Art. 1.013. A administração da sociedade, nada dispondo o contrato social, compete separadamente a cada um dos sócios.*

§ 1º Se a administração competir separadamente a vários administradores, cada um pode impugnar operação pretendida por outro, cabendo a decisão aos sócios, por maioria de votos.

§ 2º Responde por perdas e danos perante a sociedade o administrador que realizar operações, sabendo ou devendo saber que estava agindo em desacordo com a maioria".

121 "*Art. 1.014. Nos atos de competência conjunta de vários administradores, torna-se necessário o concurso de todos, salvo nos casos urgentes, em que a omissão ou retardo das providências possa ocasionar dano irreparável ou grave*".

122 "*Art. 1.015. No silêncio do contrato, os administradores podem praticar todos os atos pertinentes à gestão da sociedade; não constituindo objeto*

nistradores no tocante à gestão da sociedade; (iv) art. 1.016[123] que trata da responsabilidade solidária dos administradores nos casos de culpa no desempenho de suas funções; e (v) art. 1.017,[124] que veda a prática de atos em conflito de interesses pelos administradores.

Por sua vez, se os sócios previrem no contrato social a aplicação das normas relativas às sociedades anônimas, cumpre a observância dos seguintes dispositivos: (i) arts. 153,[125] 154,[126] 155[127] e 157,[128] que cuidam dos deveres essenciais dos administradores

---

social, a oneração ou a venda de bens imóveis depende do que a maioria dos sócios decidir".

123 "*Art. 1.016. Os administradores respondem solidariamente perante a sociedade e os terceiros prejudicados, por culpa no desempenho de suas funções*".

124 "*Art. 1.017. O administrador que, sem consentimento escrito dos sócios, aplicar créditos ou bens sociais em proveito próprio ou de terceiros, terá de restituí-los à sociedade, ou pagar o equivalente, com todos os lucros resultantes, e, se houver prejuízo, por ele também responderá.*

Parágrafo único. Fica sujeito às sanções o administrador que, tendo em qualquer operação interesse contrário ao da sociedade, tome parte na correspondente deliberação".

125 "*Art. 153. O administrador da companhia deve empregar, no exercício de suas funções, o cuidado e diligência que todo homem ativo e probo costuma empregar na administração dos seus próprios negócios*".

126 "*Art. 154. O administrador deve exercer as atribuições que a lei e o estatuto lhe conferem para lograr os fins e no interesse da companhia, satisfeitas as exigências do bem público e da função social da empresa*".

127 "*Art. 155. O administrador deve servir com lealdade à companhia e manter reserva sobre os seus negócios, sendo-lhe vedado:*

I – usar, em benefício próprio ou de outrem, com ou sem prejuízo para a companhia, as oportunidades comerciais de que tenha conhecimento em razão do exercício de seu cargo;

II – omitir-se no exercício ou proteção de direitos da companhia ou, visando à obtenção de vantagens, para si ou para outrem, deixar de aproveitar oportunidades de negócio de interesse da companhia;

III – adquirir, para revender com lucro, bem ou direito que sabe necessário à companhia, ou que esta tencione adquirir".

128 "*Art. 157. O administrador de companhia aberta deve declarar, ao firmar o termo de posse, o número de ações, bônus de subscrição, opções de compra*

(diligência, lealdade e informação); (ii) art. 156,[129] que aborda a temática do conflito de interesses dos administradores; (iii) art. 158,[130] que versa sobre a responsabilidade dos administradores nas hipóteses de atos praticados com culpa ou dolo e também em violação da lei ou do estatuto; (iv) art. 159,[131] que cuida das ações de responsabilidade (social e individual) civil.

---

de ações e debêntures conversíveis em ações, de emissão da companhia e de sociedades controladas ou do mesmo grupo, de que seja titular".

129 *"Art. 156. É vedado ao administrador intervir em qualquer operação social em que tiver interesse conflitante com o da companhia, bem como na deliberação que a respeito tomarem os demais administradores, cumprindo-lhe cientificá-los do seu impedimento e fazer consignar, em ata de reunião do conselho de administração ou da diretoria, a natureza e extensão do seu interesse".*

130 *"Art. 158. O administrador não é pessoalmente responsável pelas obrigações que contrair em nome da sociedade e em virtude de ato regular de gestão; responde, porém, civilmente, pelos prejuízos que causar, quando proceder:*

I – dentro de suas atribuições ou poderes, com culpa ou dolo;

II – com violação da lei ou do estatuto".

131 *"Art. 159. Compete à companhia, mediante prévia deliberação da assembléia-geral, a ação de responsabilidade civil contra o administrador, pelos prejuízos causados ao seu patrimônio.*

§ 1º A deliberação poderá ser tomada em assembléia-geral ordinária e, se prevista na ordem do dia, ou for conseqüência direta de assunto nela incluído, em assembléia-geral extraordinária.

§ 2º O administrador ou administradores contra os quais deva ser proposta ação ficarão impedidos e deverão ser substituídos na mesma assembléia.

§ 3º Qualquer acionista poderá promover a ação, se não for proposta no prazo de 3 (três) meses da deliberação da assembléia-geral.

§ 4º Se a assembléia deliberar não promover a ação, poderá ela ser proposta por acionistas que representem 5% (cinco por cento), pelo menos, do capital social.

§ 5º Os resultados da ação promovida por acionista deferem-se à companhia, mas esta deverá indenizá-lo, até o limite daqueles resultados, de todas as despesas em que tiver incorrido, inclusive correção monetária e juros dos dispêndios realizados.

§ 6º O juiz poderá reconhecer a exclusão da responsabilidade do administrador, se convencido de que este agiu de boa-fé e visando ao interesse da companhia.

Analisando o teor dos dispositivos supracitados, verifica-se que o regramento das sociedades anônimas é mais técnico do que aquele relativo às sociedades simples, notadamente no que diz respeito às ações de responsabilidade (social e individual) civil, ensejando críticas por parte da doutrina.[132]

Todavia, é importante consignar que independentemente de tratar-se de aplicação das regras atinentes às sociedades simples ou às sociedades anônimas, a regra geral[133] é que a própria sociedade (e não seus sócios ou administradores) responderá pelas obrigações assumidas, ressalvadas as exceções expressamente previstas em lei. Essa dinâmica é consectária da própria autonomia patrimonial das sociedades,[134] em especial das sociedades limitadas.

---

§ 7º A ação prevista neste artigo não exclui a que couber ao acionista ou terceiro diretamente prejudicado por ato de administrador".

132 "*Como se percebe, a disciplina da atual lei acionária é muito mais minuciosa e técnica, em comparação àquela atualmente vigente para as sociedades limitadas, que se ressente de importantes regras – em especial, falta a disciplina das ações, social e individual, de responsabilidade civil, o que tem dado margem a complexas controvérsias perante os tribunais, sobretudo quando o contrato social não contempla a aplicação supletiva da Lei das S/A. Cabem hoje, pois, aprimoramentos na lei em vigor*". (ADAMEK, Marcelo Vieira Von. "Responsabilidade civil dos administradores de sociedade no Direito brasileiro". *In*: COELHO, Fábio Ulhoa; RIBEIRO, Maria de Fátima (Coord.). *Questões de Direito Societário em Portugal e no Brasil*. São Paulo: Almedina, 2012, p. 129).

133 "*A regra geral no que concerne às sociedades limitadas é a de que os administradores que agirem em nome da sociedade, usando a firma ou denominação social nos limites dos poderes que lhes forem atribuídos no contrato social, não respondem pessoalmente, com seus bens particulares, pelas dívidas sociais*". (CALÇAS, Manoel de Queiroz Pereira. *Sociedade Limitada no Novo Código Civil*. São Paulo: Atlas, 2003, p. 147).

134 Acerca da autonomia patrimonial. oportuno destacar que: "*(...) é a habilidade da sociedade empresária de ser proprietária de ativos os quais são distintos das propriedades de outras pessoas, tais como de seus investidores, afastando os riscos de eventuais perdas ocorridas durante o exercício da atividade empresarial. Isso com o intuito de tentar garantir um ambiente de maior segurança, seja ao investidor, que muitas vezes destaca parte relevante de suas economias em um novo negócio e quer manter o restante de seu*

Sobre as exceções à supracitada regra geral, tem-se que os administradores das sociedades limitadas podem ser responsabilizados civilmente, "*perante a sociedade e terceiros, quando procedem com a violação do contrato social ou da lei*", havendo, nesses casos, a possibilidade de a responsabilização do administrador ocorrer "*tanto na esfera interna quanto na externa, na medida em que responderá perante esta e para com terceiros solidária e ilimitadamente*", conforme destaque de SÉRGIO CAMPINHO.[135]

Por fim, interessante abordar uma questão que já era suscitada na vigência do Decreto n. 3.708/1919: a dinâmica das ações indenizatórias propostas contra o sócio majoritário que também exerce o cargo de administrador da sociedade, já que esse poderia impedir com seu voto a deliberação de propositura da demanda. A solução defendida pela doutrina para viabilizar o exercício do direito de ação é justamente permitir a possibilidade de "*o sócio minoritário agir na condição de substituto processual da sociedade, por aplicação analógica do parágrafo 4º do artigo 159 da Lei 6.404/76*".[136]

Essa solução também tem sido encampada pela jurisprudência,[137] valendo destacar recente julgado da 2ª Câmara Reservada

---

patrimônio alocado de forma segura, seja aos credores, que não querem ver os bens sociais respondendo por obrigações que não foram assumidas pela sociedade empresária". (CUNHA, Fernando Antonio Maia da. *Autonomia patrimonial das sociedades limitadas vs. Desconsideração da personalidade jurídica*: desafios e perspectivas da Lei de Liberdade Econômica (Lei n. 13.874 de 20 de setembro de 2019). São Paulo: Contracorrente, 2021, p. 28).

135 CAMPINHO, Sérgio. *Sociedade por quotas de responsabilidade limitada*. Rio de Janeiro: Renovar, 2000, p. 148.

136 CAMPINHO, Sérgio. *Sociedade por quotas de responsabilidade limitada*. Rio de Janeiro: Renovar, 2000, p. 150.

137 "*Não se mostra razoável impor, nem compatível com a sistemática informal de regência das sociedades por cotas, exigir maioria do capital, maioria de sócios ou ainda a realização de reunião de quotistas para deliberar sobre a possibilidade de ajuizamento de ação de dissolução de sociedade/exclusão de sócio/responsabilização de sócio. Precedentes*". (STJ, 4ª Turma, AgRg no Ag 1.203.778/RJ, Rel. Min. LUIS FELIPE SALOMÃO, DJe 19/03/2010).

de Direito Empresarial do Tribunal de Justiça de São Paulo em que se reiterou que a parte do art. 159 da Lei n. 6.404/1976 que estipula deliberação prévia em assembleia-geral não seria aplicável às sociedades limitadas:

> *seja porque eventual reunião convocada com essa finalidade ou não alcançaria o quórum mínimo de deliberação, face ao impedimento dos sócios decorrente do evidente conflito de interesses, ou teria como resultado deliberação pela não propositura da ação, vez que prejudicaria os próprios réus, detentores que são das quotas representativas da maioria do capital social das sociedades.*[138]

Conclusão

A ideia deste breve ensaio foi analisar as principais características do regime de responsabilidade civil dos administradores das sociedades limitadas, destacando os dispositivos legais que regulam essa importante temática.

Como visto, apesar de a sociedade limitada representar um dos tipos societários mais relevantes em nosso país, sua regulação específica, disposta entre os arts. 1.052 a 1.087 do Código Civil,

---

"*Em regra, a sociedade anônima somente é parte legítima para propor, em nome próprio, ação de responsabilidade civil contra o administrador quando a assembléia geral deliberar nesse sentido. No caso ora em análise, contudo, em que a sociedade limitada é composta por apenas dois sócios, cada qual detentor de 50% das quotas sociais, sendo que a um deles, com a participação de terceiros, é imputado ato lesivo à sociedade praticado com violação à lei e ao contrato social, não se mostra razoável impor-se, nem compatível com a sistemática informal de regência das sociedades por cotas, a realização de reunião de quotistas para deliberar sobre o ajuizamento da ação de responsabilidade do administrador*". (STJ, 4ª Turma, REsp 1.138.101/RS, Rel. Min. LUIS FELIPE SALOMÃO, DJe 19/10/2009).

138 TJSP, 2ª Câmara Reservada de Direito Empresarial, Apelação n. 1116362-69.2017.8.26.0100, Des. Rel. JORGE TOSTA, DJe 27/09/2022.

deixa a desejar no que concerne especificamente sobre o regime de responsabilidade civil de seus administradores.

Conclui-se, assim, pela enorme importância das regras supletivas aplicáveis às sociedades limitadas, cabendo aos sócios, na ausência de uma regulação mais completa por parte do legislador, escolher com consciência o regramento supletivo a que submeterão a sociedade.

Referências bibliográficas

ADAMEK, Marcelo Vieira Von. "Responsabilidade civil dos administradores de sociedade no Direito brasileiro". *In*: COELHO, Fábio Ulhoa; RIBEIRO, Maria de Fátima (Coord.). *Questões de Direito Societário em Portugal e no Brasil*. São Paulo: Almedina, 2012.

CALÇAS, Manoel de Queiroz Pereira. *Sociedade Limitada no Novo Código Civil*. São Paulo: Atlas, 2003.

CAMPINHO, Sérgio. *Sociedade por quotas de responsabilidade limitada*. Rio de Janeiro: Renovar, 2000.

CAMPOS, Luiz Antonio de Sampaio. *In*: LAMY FILHO, Alfredo; PEDREIRA, José Luiz Bulhões (Coord.). *Direito das companhias*. Rio de Janeiro: Forense, 2017.

CUNHA, Fernando Antonio Maia da. *Autonomia patrimonial das sociedades limitadas vs. Desconsideração da personalidade jurídica*: desafios e perspectivas da Lei de Liberdade Econômica (Lei n. 13.874 de 20 de setembro de 2019). São Paulo: Contracorrente, 2021.

EIZIRIK, Nelson. *A Lei das S/A Comentada*. vol. III. São Paulo: Quartier Latin, 2021.

GONÇALVES NETO, Alfredo de Assis. *Empresa Individual de Responsabilidade Limitada e Sociedades de Pessoas*. São Paulo: Revista dos Tribunais, 2023.

LUCENA, José Waldecy. *Das Sociedades Limitadas*. 5ª ed. Rio de Janeiro: Renovar, 2003.

TEIXEIRA, Egberto de Lacerda. *Das Sociedades por Quotas de Responsabilidade Limitada*. Atualizadores: TOZZINI, Sylas; BERGER, Renato. 2ª ed. São Paulo: Quartier Latin, 2006.

TOLEDO, Paulo Fernando Campos Salles de. "As Sociedades Limitadas podem ter Conselho de Administração?" *In*: AZEVEDO, Luís André de Moura; CASTRO, Rodrigo Monteiro de (Coord.). *Poder de controle e outros temas de Direito Societário e Mercado de Capitais*. São Paulo: Quartier Latin, 2010.

WALD, Arnoldo. *Comentários ao Novo Código* Civil: do direito de empresa. Coordenador: Sálvio de Figueiredo Teixeira. Livro II. vol. 14. Rio de Janeiro: Forense, 2005.

PARTE III

DIREITO DA INSOLVÊNCIA

CAPÍTULO VII

O TRATAMENTO DAS GARANTIAS NA RECUPERAÇÃO JUDICIAL QUESTÕES CONTROVERTIDAS

Introdução

Assim como o Direito Falimentar, o negócio fiduciário encontra suas origens no Direito Romano. Paulo Nader ensina que os romanos o praticavam sob duas modalidades:

> a *fiducia cum amico* e a *cum creditore*. A primeira se processava entre amigos, geralmente em um período de guerra ou de conturbação política. Cessada a causa, retornava a situação ao status quo ante. A modalidade *cum creditore* era contrato acessório e se destinava o adimplemento de obrigação.[139]

No negócio fiduciário, o devedor (fiduciante) transfere ao credor (fiduciário) a propriedade de uma coisa ou a titularidade

---

139 NADER, Paulo. *Curso de Direito Civil*. 9ª ed. rev. e atual. vol. 3. Rio de Janeiro: Forense, 2018, p. 551.

de um direito, em garantia de determinada obrigação. E, uma vez cumprida, o credor-fiduciário fica obrigado a devolver a coisa ou direito ao devedor.

No Brasil, a alienação fiduciária – espécie do gênero negócio fiduciário[140] – foi introduzida pelo art. 66 da Lei n. 4.728/1965 que, naquele momento, só permitia a alienação de bens móveis. Alguns anos depois, o Decreto Lei n. 911/1969 estabeleceu as regras processuais para a execução da garantia constituída em caso de inadimplemento do devedor fiduciante.

Décadas mais tarde, com o mercado financeiro abalado pelas crises cambiais e inflacionárias vividas durante as décadas de 1980 e 1990, foi editada a Lei n. 9.514/1997 para estender a possibilidade da alienação fiduciária aos bens imóveis, visando, em especial, facilitar a concessão de financiamentos para estimular e alavancar o mercado imobiliário.

A relevância do tema fez com que o Código Civil de 2002 o regulasse, dispondo, no art. 1.361, que: "*Considera-se fiduciária a propriedade resolúvel de coisa móvel infungível que o devedor, com escopo de garantia, transfere ao credor*". Os demais artigos estipulam regras básicas ao funcionamento da propriedade fiduciária sem revogar a legislação especial existente.

O art. 1.367 do Código Civil, estabelece que:

> *A propriedade fiduciária em garantia de bens móveis ou imóveis sujeita-se às disposições do Capítulo I do Título X*

---

140 "No Direito brasileiro reconhecem os doutrinadores várias figuras de negócio fiduciário, destacando-se: a venda com escopo de garantia; a venda com fins de administração; a venda para recomposição de patrimônio; a doação fiduciária; a cessão fiduciária de crédito para cobrança ou para fins de garantia; a do acionista fiduciário, além de outras, desde que não contrariem a lei, nem prejudiquem terceiros (art. 82 do CC)". (RESTIFFE, Paulo Neto; RESTIFFE, Paulo Sérgio. *Garantia fiduciária*: direito e ações: manual teórico e prático com jurisprudência. São Paulo: Revista dos Tribunais, 2000, p. 48).

> *do Livro III da Parte Especial deste Código e, no que for específico, à legislação especial pertinente, não se equiparando, para quaisquer efeitos, à propriedade plena de que trata o art. 1.231.*

Ou seja, o legislador optou por manter a regulação da alienação fiduciária pela legislação existente, inclusive para os bens imóveis constantes da Lei n. 9.514/1997.

A garantia de alienação fiduciária gera uma situação na qual o devedor – depositário e detentor direto – poderá usar e gozar do bem, sem poder aliená-lo ou dá-lo em garantia até que implemente a condição resolutiva – o pagamento da dívida contraída com o credor – e receba de volta a propriedade plena sobre a coisa. O descumprimento dessa limitação sujeita o devedor às penas do art. 171, § 2º, inciso I, do Código Penal.

O credor, por sua vez, só adquirirá a propriedade plena da coisa, caso se dê a condição futura e incerta do inadimplemento do devedor quanto à quitação da dívida contraída. Por esse motivo, a doutrina salienta que o credor detém a propriedade resolúvel e transitória sobre a coisa.[141]

1 A atuação do Poder Judiciário na insolvência

As características do negócio fiduciário, sempre muito sujeito às crises econômicas, possuem enorme potencial para gerar controvérsias entre o credor fiduciário e devedor fiduciante. Mas isso acontece de forma peculiar quando se apresenta em cenário de insolvência empresarial protegida pela Lei n. 11.101/2005 ("LRF").

---

141 MAGALHÃES, Paulo Nasser; BUCKLER, Candice Bittencourt Silva. "Anotações sobre a propriedade fiduciária e a alienação fiduciária em garantia". *In*: VENOSA, Silvio de Salvo; VILLAR, Rafael Gagliardi; MAGALHÃES, Paulo Nasser (Coord.). *10 anos do Código Civil*: desafios e perspectivas. São Paulo: Atlas, 2012, p. 657.

Não raro se confrontam os direitos do devedor e do credor na crise da empresa. A consolidação da garantia fiduciária e a retomada da posse normalmente colidem com a proteção da LRF, cuja finalidade precípua é a preservação da empresa, da sua função social e dos benefícios que coloca à disposição da coletividade e da economia em geral.

Cabe ao Poder Judiciário enfrentar os dilemas relacionados ao conflito de interesses entre a sociedade empresária, devedora fiduciante, e os credores fiduciários, particularmente quanto a se submeterem à recuperação judicial, e em qual proporção. Não raro, sob o prisma da preservação da empresa, da manutenção dos empregos e dos outros benefícios sociais que proporciona, a solução vai além daquelas ofertadas expressamente pelo texto legal.

E até que se consolidem nos Tribunais as soluções encontradas em cada caso concreto de insolvência, entre devedores fiduciantes e credores fiduciários, perdura, no interregno, incerteza dos dois lados. Se é compreensível que as soluções peculiares levem algum tempo para a sua consolidação jurisprudencial, não se escapa, no reverso da medalha, da insegurança jurídica para os envolvidos.

O objetivo deste ensaio é identificar algumas controvérsias importantes na alienação fiduciária envolvendo bens da empresa em recuperação judicial, analisando como tais questões têm sido tratadas pelos Tribunais Estaduais e pelo Superior Tribunal de Justiça. E, como consequência do inevitável tempo necessário à consolidação da jurisprudência, mostrar alguns julgados que são conflitantes, ocasionando alguma insegurança jurídica.

2 Bens de capital essenciais à continuidade da atividade empresária

É certo que os intérpretes da LRF têm de lidar com algumas premissas básicas, porém inevitáveis. Para o presente estudo, destacamos as seguintes: (i) o tema envolve interesses necessariamente contrapostos – devedores *vs.* credores; (ii) os credores fiduciários apresentam total resistência à sua sujeição ao concurso de credores; (iii) nem sempre é possível prever como os Tribunais decidirão alguns casos envolvendo a LRF e as controvérsias ligadas aos credores fiduciários.

Pois bem. No que concerne aos bens sobre os quais recaem determinada garantia fiduciária, a jurisprudência do Superior Tribunal de Justiça é pacífica[142] no sentido de que, se não forem imprescindíveis à atividade empresarial da recuperanda, nem inviabilizarem a empresa e os respectivos empregos, serão, ou continuarão, normalmente executados sem se submeter ao plano de recuperação judicial apresentado pela devedora fiduciante.

Sabemos que um dos principais efeitos do deferimento do processamento da recuperação judicial é a suspensão de todas as ações e execuções contra o devedor, na forma do art. 52, III[143] c/c. o art. 6º, § 4º,[144] ambos da LRF. Isto é, por 180 dias – "*prorrogável por igual período, uma única vez, em caráter excepcional*" – suspendem-se todas as cobranças contra a recuperanda, inclusive, aquelas que se referirem aos credores particulares do sócio solidário.

A mais relevante exceção à submissão de todos os créditos anteriores ao deferimento do processamento da recuperação judicial

---

142 STJ, Conflito de Competência n. 131.656/PE, Rel. Min. Maria Isabel Gallotti, 2ª Seção, DJe 20.10.2014.

143 Art. 52, III – ordenará a suspensão de todas as ações ou execuções contra o devedor, na forma do artigo 6º desta Lei, permanecendo os respectivos autos no juízo onde se processam, ressalvadas as ações previstas nos parágrafos 1º, 2º e 7º do artigo 6º desta Lei e as relativas a créditos excetuados na forma dos parágrafos 3º e 4º do artigo 49 desta Lei.

144 Art. 6º, § 4º – Na recuperação judicial, as suspensões e a proibição de que tratam os incisos I, II e III do caput deste artigo perdurarão pelo prazo de 180 (cento e oitenta) dias, contado do deferimento do processamento da recuperação, prorrogável por igual período, uma única vez, em caráter excepcional, desde que o devedor não haja concorrido com a superação do lapso temporal. Redação dada pela Lei n. 14.112, de 24 de dezembro de 2020.

– mantida mesmo com a reforma recentemente introduzida pela Lei n. 14.112, de 24 de dezembro de 2020 – relaciona-se extraconcursais os créditos fiduciários, mas, pela ressalva da parte final desse parágrafo, os credores estão proibidos de vender ou retirar do estabelecimento da recuperanda os "*bens de capital essenciais a sua atividade empresarial*".[145]

A primeira indagação, fundamental, é: o que são bens de capital essenciais à atividade empresarial?

Uma vez que a LRF, talvez propositadamente, não conceitua a expressão, deveria a ressalva ser interpretada em conformidade com a atividade desenvolvida pela recuperanda e, portanto, em cada caso concreto? A doutrina se divide sobre o tema.

Marcelo Barbosa Sacramone ensina que:

> Por bens de capital devem ser entendidos os maquinários ou as instalações para a produção da atividade. Recursos financeiros, como o crédito cedido fiduciariamente, ainda que importante para a manutenção da atividade, não podem ser considerados bem de capital. A cessão fiduciária de créditos, nesses termos, não impediria a amortização do débito principal pelo próprio credor durante o procedimento da recuperação judicial a que esse credor não está submetido.[146]

---

145 Art. 49, § 3º – Tratando-se de credor titular da posição de proprietário fiduciário de bens móveis ou imóveis, de arrendador mercantil, de proprietário ou promitente vendedor de imóvel cujos respectivos contratos contenham cláusula de irrevogabilidade ou irretratabilidade, inclusive em incorporações imobiliárias, ou de proprietário em contrato de venda com reserva de domínio, seu crédito não se submeterá aos efeitos da recuperação judicial e prevalecerão os direitos de propriedade sobre a coisa e as condições contratuais, observada a legislação respectiva, não se permitindo, contudo, durante o prazo de suspensão a que se refere o parágrafo quarto do artigo 6º desta Lei, a venda ou a retirada do estabelecimento do devedor dos bens de capital essenciais a sua atividade empresarial.

146 SACRAMONE, Marcelo Barbosa. *Comentários à Lei de Recuperação de Empresas e Falências*. São Paulo: Saraiva, 2018, p. 211.

João Pedro Scalzilli, de forma diversa, assevera que:

> Acredita-se que o legislador empregou a expressão "bem de capital" da forma mais ampla possível. (...). Por isso, acredita-se que o conceito utilizado no art. 49, § 3º, da LFRE deve ser interpretado da forma mais ampla possível, abarcando todo e qualquer bem cuja ausência possa prejudicar o esforço recuperatório do devedor.[147]

A conclusão pela interpretação sistemática e finalística sobre o significado de *bem de capital essencial*, pode ser verificada a partir da posição do Superior Tribunal de Justiça acerca da aplicação das normas contidas na LRF. A propósito, o Ministro Luis Felipe Salomão já ponderou que:

> O instituto da recuperação judicial tem por escopo a reorganização administrativa e financeira da empresa em crise, a fim de garantir a manutenção da fonte produtora, os empregos dos trabalhadores e os interesses dos credores, ensejando, assim, a concretização do mandamento constitucional voltado à realização da função social da empresa. Nessa ordem de ideias, a hermenêutica conferida à Lei 11.101/2005, no tocante à recuperação judicial, deve sempre se manter fiel aos propósitos do diploma, isto é, nenhuma interpretação pode ser aceita se dela resultar circunstância que, além de não fomentar, na verdade, inviabilize a superação da crise empresarial, com consequências perniciosas ao objetivo de preservação da empresa economicamente viável, à manutenção da fonte produtora e dos postos de trabalho, além de não atender a nenhum interesse legítimo

147 SCALZILLI, João Pedro; SPINELLI, Luis Felipe; TELLECHEA, Rodrigo. *Recuperação de empresas e falência*: teoria e prática na Lei 11.101/2005. São Paulo: Almedina, 2016, pp. 286-287.

> dos credores, sob pena de tornar inviável toda e qualquer recuperação, sepultando o instituto.[148]

Isso significaria, por dedução lógica, que os recebíveis dados em garantia fiduciária, por serem essenciais ao funcionamento e à recuperação da empresa, seriam bens de capital essencial e, por conseguinte, não poderiam ser retidos pelo credor fiduciário, ou seja, deveriam ficar disponíveis para a recuperanda fomentar sua atividade e preservar empregos e demais benefícios. Nesse raciocínio, permitir que o banco retivesse, por exemplo, o valor dos recebíveis cedidos com garantia fiduciária seria contrário à superação da crise da empresa.

No entanto, o próprio Superior Tribunal de Justiça entendeu, cinco meses depois, que apenas os bens corpóreos usados na atividade produtiva da empresa poderiam ser considerados bens de capital, sendo necessário o exercício da atividade econômica. E, ao decidir sobre a cessão de recebíveis dados em garantia fiduciária, concluiu que não poderiam ser qualificados como bens de capital essenciais ao funcionamento, nem impedir a retenção pelo credor fiduciário, vedando, em consequência, que fosse trazido para o processo de recuperação judicial da devedora fiduciante.

O Ministro Marco Aurélio Belizze, relator, ponderou que:

> para efeito de aplicação do § 3º do art. 49, "bem de capital", ali referido, há de ser compreendido como o bem, utilizado no processo produtivo da empresa recuperanda, cujas características essenciais são: bem corpóreo (móvel ou imóvel), que se encontra na posse direta do devedor, e, sobretudo, que não seja perecível nem consumível, de modo

---

148 STJ, REsp 1.337.989/SP, Rel. Min. Luis Felipe Salomão, 4ª Turma DJe. 08.05.2018.

> que possa ser entregue ao titular da propriedade fiduciária, caso persista a inadimplência, ao final do *stay period*.[149]

Partindo-se desse último julgado da Corte Superior, a conceituação de bens de capital essenciais à atividade empresarial teria que ser aqueles corpóreos, não perecíveis, nem consumíveis, passíveis, assim, de entrega futura em caso de continuidade da inadimplência após os 180 dias do *stay period*. Isso, obviamente, se fossem essenciais à continuidade da empresa.

No entanto, os parâmetros que se extraem das decisões do Superior Tribunal de Justiça, seja mais ou menos abrangente na capitulação dos recebíveis como bens de capital essenciais, por não se inserirem em recursos repetitivos e vinculantes, ainda permitem decisões diversas nos Tribunais de Justiça Estaduais que julgam a matéria nos Estados.

No caso da Livraria Cultura, o Tribunal de Justiça decidiu pela liberação da trava bancária sob o argumento da essencialidade do dinheiro dos recebíveis à continuidade da atividade:

> admitindo-se como extraconcursal o crédito, por força da cessão fiduciária de recebíveis, também não é possível concluir pela possibilidade de amortização durante o stay period dada a essencialidade do bem, como passará a se expor, razão pela qual a decisão deve ser mantida. Por oportuno, registre-se que a essencialidade do dinheiro é evidente, pois o Juízo recorrido prudentemente requereu diligências acolhidas pelo administrador no sentido de verificar tão somente o montante indispensável à continuidade da atividade empresarial.[150]

---

149 STJ, REsp 1.758.746/GO, Rel. Min. Marco Aurélio Bellizze, 3ª Turma DJe 01.10.2018.

150 TJSP, Agravo Interno n. 2236949-78.2018.8.26.0000/50000, Rel. Des. Hamid Bdine, 1ª Câmara Reservada de Direito Empresarial. Julgado em 17.12.2018.

Diversamente, na Bahia, o Tribunal de Justiça manteve a trava bancária oriunda de cessão de direitos creditórios argumentando que:

> a parte final do § 3º, do art. 49, da Lei 11.101/2005 não se aplica aos recebíveis objeto da cessão fiduciária, pois o dinheiro não se encaixa no conceito de "bem de capital". O título de crédito é bem incorpóreo que não pode ser compreendido, sequer por interpretação extensiva, no conceito de "bem de capital".[151]

No âmbito do Superior Tribunal de Justiça, a questão do dinheiro como bem de capital essencial à continuidade das atividades da recuperanda também foi objeto de divergência entre os integrantes da Quarta Turma.

O Ministro Luis Felipe Salomão considerou que os direitos creditórios poderiam sim ser considerados essenciais uma vez que:

> não é o credor fiduciário que diz se o bem gravado com a garantia fiduciária é ou não essencial à manutenção da atividade empresarial e, portanto, indispensável à realização do Plano de Recuperação Judicial, mas sim o Juízo condutor do processo de recuperação.

A Ministra Maria Isabel Gallotti, divergindo, ponderou:

> Embora não desconheça o intuito social do voto de V. Exa., de favorecer a recuperação judicial de empresas, entendo que seria grande a subjetividade na análise judicial preconizada acerca de ser aquela quantia em dinheiro necessária ou não ao processo de recuperação judicial. Recursos financeiros são sempre necessários, sobretudo para empresas em dificuldades, em processo de recuperação. Tenho que essa ressalva

151 TJBA. Agravo de Instrumento n. 0021562-94.2016.8.05.0000, Rel. Des. José Cícero Landin Neto. 3ª Câmara Cível. Julgado em 11.04.2017.

> praticamente descaracterizaria esse tipo de garantia que se pretende bastante forte, de fato, mas que foi pactuada dentro dos termos autorizados em lei, deixando ao alvedrio do Juiz dizer, em cada caso, se o dinheiro será ou não necessário à recuperação da empresa, sendo que, a meu ver, dificilmente se poderá afirmar que não seja necessário à recuperação da empresa contar com mais recursos financeiros.[152]

Os fundamentos dos votos e acórdãos da Corte Superior bem revelam a dificuldade na interpretação do significado da ressalva final do art. 49, § 3º, da LRF (bens de capital essenciais).

Essa dificuldade vem ilustrada no voto do Desembargador Alexandre Lazzarini, do Tribunal de Justiça de São Paulo, quando declarou voto convergente no caso da Livraria Cultura:

> A meu ver, ao menos por ora, a identificação do que venha a ser "bens de capital essencial" caracteriza-se como uma regra vaga ou conceito indeterminado. (...). Ora, sendo a regra vaga, estamos diante de um conceito vago, indeterminado, dependendo para sua interpretação de vários fatores, como o social e cultural, além do econômico. (...). Em outras palavras, em face dos princípios do art. 47 da Lei n. 11.101/2005, não se esquecendo, ainda os princípios norteadores do Código Civil de 2002 e da Lei de Introdução às Normas do Direito Brasileiro (com a redação da Lei n. 13.655/2018, art. 20 e parágrafo único), bem lembrada pelo Exmo. Sr. Desembargador 2º Juiz, a situação concreta e o tipo de atividade empresarial exercida, podem autorizar a conclusão específica como a tomada pelo MM. Juiz de Direito e o douto voto do Exmo. Sr. Desembargador Relator, que a mantém.[153]

---

152 STJ, REsp 1.263.500/ES, Rel. Min. Maria Isabel Gallotti, 4ª Turma, DJe 12.04.2013.

153 TJSP, Agravo Interno n. 2236949-78.2018.8.26.0000/50000, Rel. Des. Hamid Bdine, 1ª Câmara Reservada de Direito Empresarial. Julgado em 17.12.2018.

Foi sob essa perspectiva que o Tribunal de Justiça de São Paulo enfrentou a questão da essencialidade dos dividendos oriundos das ações da Braskem S.A. no âmbito da recuperação judicial do Grupo Odebrecht. As referidas ações foram dadas em garantia (alienação fiduciária) por uma das *hodings* do grupo a fim de obter crédito junto ao setor bancário.

Segundo as recuperandas, as ações da petroquímica Braskem seriam essenciais ao seu soerguimento, razão pela qual não poderiam ser excutidas pelos bancos durante o *stay period*, suscitando justamente o precedente da Livraria Cultura. Pleito que foi acolhido pelo magistrado titular da 1ª Vara de Falências e Recuperações Judiciais de São Paulo.

Ao apreciar o agravo de instrumento interposto contra a referida decisão, a 1ª Câmara Reservada de Direito Empresarial deixou claro as diferenças entre os dois casos, pontuando que a essencialidade de um bem de capital deve ser auferida diante das particularidades de cada recuperação judicial. Vejamos:

> Sobre a essencialidade dos bens da empresa, lembram as recuperandas a manifestação deste Relator, então 3º Juiz, envolvendo a recuperação judicial da Livraria Cultura. Tal circunstância merece ser considerada, pois posicionei-me favoravelmente à liberação parcial da denominada trava bancária, citando lição do saudoso Prof Silvio Rodrigues, em análise do conceito e dos critérios do binômio possibilidade/necessidade, extraídos do Direito de Família. Na oportunidade, aproveitei tal lição para justificar a extensão do conceito de essencialidade do bem de capital ao dinheiro. Isso porque, as empresas necessitam do dinheiro para ter seu capital de giro ou garantir a própria subsistência de suas atividades, seja uma indústria de transformação, que depende do seu maquinário para gerar renda, até uma empresa varejista, como a Livraria Cultura, que precisa do dinheiro para cumprir com suas obrigações de pagamento de trabalhadores, compra de insumos ou de mercadorias para

revenda. Aliás, com relação às empresas varejistas (livrarias, supermercados, pequenos comércios, por exemplo), que não podem ser equiparadas com as *holdings*, o engessamento dessas garantias fiduciárias levaria, de maneira inexorável, à inviabilização de suas atividades. Em outras palavras, seria mais simples o legislador estabelecer que referidas empresas não têm direito à recuperação judicial, mas, tão somente, à falência. Essa foi a motivação que conduziu à referida declaração de voto, situação diversa da ora debatida.(...). No presente caso, a OSP Inv, autorizada pelos legítimos proprietários (bancos), negociou a venda das ações da Braskem, que somente não foi concretizada por desistência do interessado. Não eram essenciais na época? Em alguns meses passaram a ser imprescindíveis para a atividade da recuperanda e a sobrevivência do Grupo? Não parece crível que a participação societária discutida seja um bem essencial para a holding OSP Inv, mas apenas necessária para facilitar a recuperação judicial das agravadas, que poderiam contar com dividendos distribuídos pela Braskem. Afinal, a quantia milionária, quiçá bilionária, é auferida pelos financiadores há alguns anos, desde que passaram a figurar como proprietários das mesmas. Qualquer empresa em dificuldade financeira, ou não, gostaria de reaver uma fonte de renda, principalmente com vultoso montante anual, capaz de injetar capital extremamente necessário para o seu soerguimento. Não se pode admitir que as recuperandas, ou qualquer outra empresa, tenham seus interesses atendidos em detrimento dos credores fiduciários (que cumpriram as obrigações contratuais), em nítida violação à lei e ao contrato, como exaustivamente exposto nesse acórdão. O presente caso é uma disputa entre "gigantes", uma vez que as recuperandas fazem parte de um dos maiores grupos econômicos do país, enquanto o credor é um dos maiores bancos. Por conseguinte, as partes possuem a mesma força financeira e técnica, como se depreende, inclusive, dos pareces acostados aos autos. (...). Dessa forma, conclui-se, tiveram a possibilidade de analisar todas as consequências possíveis de seus atos e optaram por celebrar diversos contrários de

> altíssimos valores, oferecendo bens valiosos em garantia, distribuindo os riscos da maneira mais conveniente a ambos. Por certo, também, consideraram a instabilidade da economia, o envolvimento das recuperandas em investigações criminais e suas consequências financeiras, bem como a volatilidade dos papeis oferecidos em garantia. Se não o fizeram, não foi por ingenuidade ou inexperiência de qualquer das partes.[154]

Resta claro que os Tribunais têm envidado os melhores esforços para dirimir as complexas controvérsias que surgem quando o tema em debate é a essencialidade de um bem de capital. Mesmo assim, seria extremamente importante que o Superior Tribunal de Justiça, a partir dos mais variados e ricos fundamentos usados pelos Tribunais de Justiça Estaduais, pudesse construir, em nome da segurança jurídica de devedores e credores, um entendimento vinculante sobre o conceito de *bem de capital essencial* à continuidade da atividade empresarial, o que colocaria fim às incertezas pertinentes à discussão da possibilidade da retenção de tais bens pelos credores fiduciário durante o *stay period*.

3 Higidez das garantias: controvérsias envolvendo a liberação e a renúncia

É certo que o art. 49 da LRF e seus respectivos parágrafos são fonte de inúmeras divergências no âmbito das cortes brasileiras.

Além da definição sobre ser o dinheiro bem de capital essencial, tratado no capítulo anterior, outros dois temas deixam à mostra a controvérsia e a incerteza.

O primeiro refere-se à possibilidade de renúncia tácita da garantia quando o credor fiduciário, na execução, persegue bens

---

154 TJSP, Agravo de instrumento n. 2150017-53.2019.8.26.0000, Rel. Des. Alexandre Lazzarini, 1ª Câmara Reservada de Direito Empresarial. Julgado em 05.02.2020.

diversos daqueles oferecidos em garantia. O segundo, ainda que não relacionado diretamente aos credores fiduciários, liga-se à possibilidade de liberação de garantias fidejussórias e reais pelo plano de recuperação judicial (PRJ) aprovado em Assembleia Geral de Credores (AGC). Ambos são alvos de decisões conflitantes no âmbito dos Tribunais de Justiça Estaduais e do Superior Tribunal de Justiça.

3.1 A renúncia tácita do credor pela execução de bens diversos dos constantes da garantia

A questão que aqui se traz à reflexão pode ser resumida na seguinte pergunta: se determinado credor, detentor de garantia real ou fiduciária, ajuíza uma execução para o pagamento integral da dívida, sob pena de penhora genérica de bens do devedor (sem buscar a execução específica da garantia firmada, por exemplo, a busca e apreensão do bem ou crédito dado em garantia), há renúncia tácita à garantia?

O tema é controvertido e conta com decisões em ambos os sentidos.

Para parcela da doutrina, a renúncia só pode ocorrer quando o credor anuir expressamente, partindo do raciocínio de que o art. 1.436[155] do Código Civil se aplica aos credores fiduciários por força do § 5º, do art. 66-B, da Lei n. 4.728/1965.[156] Nele consta que,

---

155 Art. 1.436 – Extingue-se o penhor: (...) III – renunciando o credor; (...) § 1º Presume-se a renúncia do credor quando consentir na venda particular do penhor sem reserva de preço, quando restituir a sua posse ao devedor, ou quando anuir à sua substituição por outra garantia.

156 Art. 66-B. O contrato de alienação fiduciária celebrado no âmbito do mercado financeiro e de capitais, bem como em garantia de créditos fiscais e previdenciários, deverá conter, além dos requisitos definidos na Lei n. 10.406, de 10 de janeiro de 2002 - Código Civil, a taxa de juros, a cláusula penal, o índice de atualização monetária, se houver, e as demais comissões e encargos. (...) § 5º Aplicam-se à alienação fiduciária e à cessão fiduciária de que trata

dentre as várias formas de extinção do penhor, a renúncia pode se dar, mas de forma expressa (inciso III) ou presumida (§ 1º).

Desse modo, excetuada a presunção que se extrai do § 1º, do art. 1.436 do CC, ou seja, quando consentir com a venda particular do penhor sem reserva do preço, quando restituir a posse ao devedor ou quando anuir com a substituição, a renúncia à garantia fiduciária só poderia ocorrer de forma expressa pelo credor.

O elevado número de embargos à execução em que os devedores levantam a tese de renúncia fez com que o Tribunal de Justiça de São Paulo editasse a Súmula 61: "*Na recuperação judicial, a supressão da garantia ou sua substituição somente será admitida mediante aprovação expressa do titular*". E pela necessidade da renúncia expressa tem decidido correntemente.[157]

Em suma, no entendimento do Tribunal de Justiça de São Paulo, o ajuizamento da ação de execução genérica não influencia na natureza extraconcursal do crédito garantido fiduciariamente, somente se tornando quirografário e concursal se houver renúncia expressa pelo credor.

Mas, minoritária e recentemente, surgem decisões que examinam a conduta do credor para, a partir dela, verificar se é possível identificar a existência de renúncia tácita.

No julgamento do REsp n. 1.338.748/SP, por exemplo, o Superior Tribunal de Justiça analisou se seria possível a renúncia do credor e da sua garantia fiduciária e se poderia ser tácita ou teria que ser expressa. O Ministro Luis Felipe Salomão ponderou que:

---

esta Lei os arts. 1.421, 1.425, 1.426, 1.435 e 1.436 da Lei n. 10.406, de 10 de janeiro de 2002.

157 TJSP, Agravo de instrumento n. 2192678-52.2016.8.26.0000, Rel. Des. Walter Fonseca, 11ª Câmara de Direito Privado. Julgado em 30.11.2016, dentre outros.

> não há que se falar em renúncia, haja vista que, desde a inicial da execução, o exequente, ora recorrido, postula, "com fundamento no art. 615, III do CPC, que sempre permitiu ao credor pleitear medidas acautelatórias urgentes", o deferimento liminar da "indisponibilidade dos ativos financeiros em nome dos devedores, até o limite da dívida (...) Assim, não se vislumbra renúncia expressa nem tácita da garantia fiduciária pelo credor, mas sim, em razão das circunstâncias do caso, como medida acautelatória, pedido de penhora do ativo até que as garantias fossem devidamente efetivadas.[158]

No precedente o Superior Tribunal de Justiça indica com precisão que, quando permeada de caráter acautelatório, o pedido de indisponibilidade de bens em nome do devedor (mesmo que não do bem objeto da garantia), não significaria renúncia tácita, nem expressa.

Contudo, e daí a razão deste tema como controvertido, o Tribunal de Justiça de São Paulo, analisando a conduta específica de um credor fiduciário, entendeu que esse havia renunciado tacitamente ao deixar de executar o bem garantido fiduciariamente, assim decidindo:

> Agravo de instrumento. Recuperação judicial. Cessão fiduciária em garantia de direitos creditórios. Decisão que rejeitou a impugnação ao crédito apresentada pelas Recuperandas. Hipótese de acolhimento. Ajuizamento de ação de execução pelo credor. Renúncia à garantia fiduciária que é inequívoca no caso concreto. Crédito assume natureza quirografária. Extraconcursalidade prevista no art. 49, § 3º, Lei n. 11.101/05, afastada. art. 66-B, § 5º, Lei n. 4.728/65, e art. 1.436, III e § 1º, CC. Recurso provido.[159]

---

158 STJ, REsp 1.338.748/SP. Rel. Luis Felipe Salomão. 4ª Turma. DJe 28/06/2016.

159 TJSP, Agravo de instrumento n. 2100475-37.2017.8.26.0000, Rel. Des. Alexandre Lazzarini, 1ª Câmara Reservada de Direito Empresarial. Julgado em 26/03/2018.

Entendeu a 1ª Câmara Reservada de Direito Empresarial do TJSP que o credor fiduciário renunciou tacitamente à garantia ao optar pelo ajuizamento de execução em que buscou a constrição genérica sobre patrimônio diverso do garantido fiduciariamente.

Para tanto, pontuaram que o credor (i) não postulou na busca e apreensão qualquer dos direitos creditórios dados em garantia, mas sim a citação das executadas para pagamento do débito, sob pena de penhora de tantos bens quantos forem necessários à satisfação da execução, (ii) que o pedido de arresto liminar foi indeferido sem que o credor tenha recorrido ou proposto medida de busca e apreensão dos títulos representativos dos direitos creditórios dados em garantia fiduciária, ou mesmo providenciado a execução ou cobrança específica dos referidos créditos e que (iii) decorridos mais de 2 anos da decisão que havia determinado o sobrestamento do feito executivo em relação às recuperandas, por 180 dias, nada foi reclamado pelo credor, nem acerca das garantias fiduciárias.

A conclusão do Tribunal foi que não se vislumbrava:

> "mera pretensão acautelatória no pedido de penhora de ativos e de imóvel dos coobrigados pelo ora agravante na via executiva, mas sim evidente interesse do credor na satisfação do crédito através de medidas constritivas sobre patrimônio dos executados, desconsiderando-se as garantias fiduciárias". E, sendo assim, tomando aquela pretensão "como uma manifestação tácita de vontade, referida presunção acerca da renúncia deve ser analisada à luz de cada caso concreto, levando-se em consideração o comportamento da parte e a própria consciência desta acerca do significado de sua manifestação".[160]

---

160 TJSP, Agravo de instrumento n. 2100475-37.2017.8.26.0000, Rel. Des. Alexandre Lazzarini, 1ª Câmara Reservada de Direito Empresarial. Julgado em 26/03/2018.

Importante, ainda, destacar a consideração feita pelo Desembargador Alexandre Lazzarini acerca da nova redação trazida pelo Código de Processo Civil de 2015 quanto à possibilidade ou não de penhora da própria garantia fiduciária, ressaltando o art. 835, § 3º,[161] que estabelece, na execução de crédito com garantia real, a penhora recairá de forma impositiva sobre a coisa dada em garantia, diferentemente do código anterior em que havia uma opção preferencial, o que, na conclusão de Sua Excelência, significa que o legislador fez nova concepção que pode ser assim entendida:

> se a norma processual prevê a penhora direta da garantia na execução de crédito com tal privilégio (princípio da maior efetividade ao credor e menor onerosidade da execução ao devedor), e o próprio credor prefere buscar a penhora de patrimônio diverso dos executados para satisfação de seu crédito, é porque, de maneira inequívoca, renunciou à garantia fiduciária.

Assim, apesar de não serem tão comuns precedentes dessa natureza, é certo que, com esse novo parâmetro adotado pelas Câmaras Reservadas de Direito Empresarial do Tribunal de Justiça de São Paulo, os credores fiduciários precisam estar atentos ao modo como se comportam, sob pena de perder a higidez das garantias constituídas.

Melhor seria se a jurisprudência sacramentasse um entendimento uniforme em relação à situação em que se pode considerar, ou não, renúncia à garantia fiduciária contratada, seja no sentido de que o não exercício da preferência absoluta sobre os bens dados em garantia, na execução comum, implique renúncia ao privilégio e perda da natureza extraconcursal no caso de recuperação, seja no sentido de que a circunstância é irrelevante para a garantia especial objeto do contrato.

---

161 Art. 835, § 3º – Na execução de crédito com garantia real, a penhora recairá sobre a coisa dada em garantia, e, se a coisa pertencer a terceiro garantidor, este também será intimado da penhora.

3.2 A liberação da garantia pela devedora através do plano de recuperação judicial

O segundo tema que merece análise é a possibilidade ou não do PRJ prever uma cláusula de liberação das garantias reais e fidejussórias, que estenda a novação aos coobrigados e garantidores do crédito. A questão gira em torno da interpretação dos arts. 49, § 1º[162] e § 2º,[163] 50, § 1º[164] e 59[165] da LRF.

Apesar do entendimento até então pacífico, inclusive com a aprovação da Súmula 581,[166] no sentido de que o deferimento do processamento da recuperação judicial não trazia qualquer efeito aos coobrigados, como consta do art. 49, § 1º da LRF, a Corte Superior caminhou em sentido diverso ao analisar a possibilidade de o PRJ conter cláusula prevendo a liberação de garantias.[167]

As controvérsias sobre o tema podem ser condensadas nas seguintes indagações: é possível que a devedora, através de plano

---

162 Art. 49, § 1º – Os credores do devedor em recuperação judicial conservam seus direitos e privilégios contra os coobrigados, fiadores e obrigados de regresso.

163 Art. 49, § 2º – As obrigações anteriores à recuperação judicial observarão as condições originalmente contratadas ou definidas em lei, inclusive no que diz respeito aos encargos, salvo se de modo diverso ficar estabelecido no plano de recuperação judicial.

164 Art. 50, § 1º – Constituem meios de recuperação judicial, observada a legislação pertinente a cada caso, dentre outros (...) § 1º Na alienação de bem objeto de garantia real, a supressão da garantia ou sua substituição somente serão admitidas mediante aprovação expressa do credor titular da respectiva garantia.

165 Art. 59. O plano de recuperação judicial implica novação dos créditos anteriores ao pedido, e obriga o devedor e todos os credores a ele sujeitos, sem prejuízo das garantias, observado o disposto no § 1º do art. 50 desta Lei.

166 “Súmula 581 – A recuperação judicial do devedor principal não impede o prosseguimento das ações e execuções ajuizadas contra terceiros devedores solidários ou coobrigados em geral, por garantia cambial, real ou fidejussória”.

167 Frise-se, apenas, que a referida cláusula prevendo a liberação de garantias é plenamente possível e lícita, uma vez que as garantias são direitos patrimoniais e podem ser livremente negociadas entre credores e devedores.

aprovado em AGC, livrar-se de garantia contratual? Em caso positivo, a clásusula de liberação de garantias aprovada produz efeitos aos credores que não compareceram, aos que votaram contrariamente ao PRJ ou que apresentaram ressalvas quanto a seu conteúdo?

No REsp n. 1.700.487/MT, em abril de 2019, o Superior Tribunal de Justiça analisou a questão e decidiu afirmativamente às controvérsias, como se vê da ementa transcrita a seguir na parte que interessa a este trabalho:

> Previsão de Supressão das garantias reais e fidejussórias devidamente aprovada pela Assembleia Geral de Credores. Vinculação da devedora e de todos os credores, indistintamente. 5. Recurso Especial parcialmente provido.[168]

Foram dois os fundamentos do Superior Tribunal de Justiça que embasaram a possibilidade de vinculação da integralidade dos credores à cláusula de liberação de garantia. O primeiro porque o art. 49, § 2º, da LRF[169] permite a modificação dos créditos originalmente contratados se houver modificação pelo plano. O segundo porque a vontade da AGC basta para suprir a necessidade aprovação expressa cogitada no § 1º do art. 50 da LRF.[170]

Assim, seria válida a cláusula de liberação de garantia no PRJ, independente do consentimento individual e expresso do credor, exceto se a AGC não o houvesse feito de forma expressa na aprovação do PRJ.

---

168 STJ, REsp 1.700.487/MT. Rel Min. Ricardo Villas Bôas Cuevas. 3ª Turma. DJe 26.04.2019.

169 Art. 49, § 2º – As obrigações anteriores à recuperação judicial observarão as condições originalmente contratadas ou definidas em lei, inclusive no que diz respeito aos encargos, salvo se de modo diverso ficar estabelecido no plano de recuperação judicial.

170 Art. 50, § 1º – Na alienação de bem objeto de garantia real, a supressão da garantia ou sua substituição somente serão admitidas mediante aprovação expressa do credor titular da respectiva garantia.

É preciso afirmar que o entendimento alarga consideravelmente a perspectiva acerca da liberação das garantias e, em certa medida, contraria o anterior fixado em regime de recursos repetitivos no REsp n. 1.333.349/SP, que, em novembro de 2014, com base art. 49, § 1º da LRF,[171] concluia diferentemente:

> Recurso Especial representativo de controvérsia. Art. 543-C do CPC e Resolução STJ n. 8/2008. Direito Empresarial e Civil. Recuperação Judicial. Processamento e Concessão. Garantias prestadas por terceiros. Manutenção. Suspensão ou extinção de ações ajuizadas contra devedores solidários e coobrigados em geral. Impossibilidade. Interpretação dos arts. 6º, caput, 49, § 1º, 52, inciso III, e 59, caput, da Lei n. 11.101/2005.[172]

O novo entendimento, até porque o anterior tinha efeito vinculante e estava em sintonia com a Súmula 581, ainda não encontra adesão no âmbito dos Tribunais de Justiça, que continuam decidindo no sentido de que a supressão da garantia só pode ocorrer quando o credor apresente sua anuência individual e expressa.

Nessa linha, destaca-se como exemplo um julgado do Tribunal de Justiça de São Paulo, relatado pelo Desembargador Hamid Bdine, que sintetizou o contraste entre as duas posições envolvendo a liberação das garantias e concluiu ser possível a suspensão ou supressão das garantias pelo PRJ, mas só será lícita se assim concordar o respectivo titular. Transcreve-se trecho relativamente ao tema discutido:

> partindo-se do pressuposto de que as garantias pessoais (fianças ou avais), de natureza patrimonial, constituem

---

171 Art. 49, § 1º – Os credores do devedor em recuperação judicial conservam seus direitos e privilégios contra os coobrigados, fiadores e obrigados de regresso.

172 STJ, REsp 1.333.349/SP. Rel Min. Ricardo Luis Felipe Salomão. 3ª Turma. DJe 26.11.2014.

> direito dispositivo, não há empecilho para que os credores da sociedade-devedora, durante a votação no plano de recuperação judicial, concordem ou discordem da cláusula que estende os efeitos da novação aos coobrigados, fiadores e avalistas. Neste caso, os credores que expressamente aprovarem o plano de recuperação judicial, estarão renunciando ao direito de executar autonomamente os garantidores pessoais fiadores e avalistas durante o prazo de "supervisão judicial" de 2 (dois) anos, previsto no artigo 61, "caput", da Lei n. 11.101/05". No entanto, se discordou da extensão da novação aos garantidores (coobrigados/fiadores), obviamente, tendo ela o respaldo dos arts. 49, § 1º e 59, "caput", ambos, da Lei n. 11.101/2005, a previsão do plano de recuperação é ineficaz em relação a ela. Assim, a oponibilidade desta cláusula somente pode ser realizada ao credor que expressamente concordou com a aprovação do plano, sem ressalvas nesse sentido.[173]

Desse modo, atualmente temos quatro posições a respeito do mesmo tema: (i) a primeira, que baseando-se na Súmula 581 do Superior Tribunal de Justiça, toma por ilegal a eventual cláusula de supressão de garantias prevista no PRJ; (ii) a segunda, adotada no Resp n. 1.700.487/MT, em que prevalece a noção de que a liberação da garantia atinge todos os credores da recuperanda, ainda que tenham votado contra os termos do PRJ ou efetivado qualquer ressalva sobre referida disposição, bastando a aprovação em AGC e a homologação em Juízo; (iii) a terceira, defendida pelos Ministros vencidos no julgamento do REsp supracitado, para quem o PRJ poderá novar a dívida dos coobrigados, desde que isso se limite aos credores que a aprovaram sem ressalvas, não podendo alcançar os credores ausentes, os que não votaram (apesar de presentes) e os que votaram contrariamente à aprovação do plano; (iv) a quarta,

---

173 TJSP, Agravo de instrumento n. 2197886-46.2018.8.26.0000, Rel. Des. Hamid Bdine, 1ª Câmara Reservada de Direito Empresarial. Julgado em 23/03/2019.

defendida pelo professor Fabio Ulhoa Coelho e adotada pelo Ministro Luis Felipe Salomão em recente julgado, que traz solução intermediária entre as duas anteriores, conforme veremos abaixo.

A quarta corrente tratando da validade da cláusula de liberação de garantias no PRJ foi capitaneada por Fabio Ulhoa Coelho ao analisar as diferentes posições existentes no âmbito do Superior Tribunal de Justiça. Vejamos a lição do ilustre professor:

> Em suma, o plano de recuperação aprovado pela assembleia de credores pode novar o crédito suportado em direito real de garantia, inclusive suprimindo, reduzindo ou substituindo a garantia real. Caso ela não pudesse ser alcançada pela novação, o estatuto jurídico do crédito seria outro, isto é, em vez de sujeito, estaria numa situação assemelhada aos não sujeitos aos efeitos da recuperação judicial. Ressalte-se, contudo, que eventual convolação da recuperação judicial em falência acarretará a desconstituição da novação recuperacional. Neste caso, para assegurar que o credor hipotecário, pignoratício ou anticrético possa exercer sua preferência na liquidação falimentar, a LRF estabelece que o bem onerado não pode ser alienado sem a concordância daquele (art. 50, § 1º). A finalidade deste direito resume-se a tornar efetiva a preferência na hipótese de convolação em falência e não importa em limitar a sua sujeição aos efeitos da recuperação judicial. No julgamento do Recurso Especial 1.523.943-MT, o STJ adotou, por maioria, este entendimento relativamente às garantias reais. De acordo com o relator, Min. Marco Aurélio Bellizze, "ainda que determinado credor tenha optado por não comparecer à deliberação assemblear; ou, presente, se absteve de votar ou se posicionado em contrariedade, total ou parcialmente, à aprovação do plano, seus termos o subordinam, necessariamente. Compreensão diversa, por óbvio, teria o condão de inviabilizar a consecução do plano, o que refoge dos propósitos do instituto da recuperação judicial". A este entendimento, opôs-se o Min. João Otávio de Noronha, vencido: "o § 1º do art. 50 da Lei n. 11.101/2005 faz referência à necessidade de anuência expressa do credor

> para a supressão ou substituição de garantia real no caso de alienação do bem com ela gravado, porquanto o legislador previu como um dos meios eficazes para a recuperação da empresa a venda de bens. Contudo, é evidente que a única interpretação que se lhe pode atribuir é que essa exigência se aplica a todos os casos em que haja a liberação total ou parcial ou a substituição da garantia real. Admitir forma diversa ensejaria um desequilíbrio entre as normas que regem a matéria, o que, no Direito, não se justifica sob nenhum enfoque". Há, contudo, que se ressaltar, data venia, o acerto do voto vencido acerca das garantias fidejussórias. A maioria tratou igualmente os dois gêneros de garantias (reais e fidejussórias), mas a lei as distingue. Com ênfase, enquanto não se encontra nenhuma norma legal obstando a novação de direitos reais de garantia, em relação às garantias fidejussórias (aval ou fiança prestados naturalmente por terceiros), há disposição expressa tornando-as inalcançáveis pela recuperação judicial do garantido: art. 49, § 1º.[174]

Ou seja, para Fabio Ulhoa Coelho não se pode tratar de maneira idêntica as garantias reais e fidejussórias, haja vista que são reguladas pela lei de maneira diversa, conforme a disposição do art. 49, § 1º da LRF, que no entendimento do autor vedaria apenas a supressão às garantias fidejussórias (aval ou fiança prestados naturalmente por terceiros). Essa mesma posição foi adotada pelo Ministro Luis Felipe Salomão em recente julgado:

> RECURSO ESPECIAL. RECUPERAÇÃO JUDICIAL. CREDOR. GARANTIAS. PLANO HOMOLOGADO COM SUPRESSÃO DE GARANTIA REAL.
>
> POSSIBILIDADE. 1. Apesar da recuperação judicial do garantido (avalizado ou afiançado) não importar em nenhuma consequência em relação aos direitos do credor

174 COELHO, Fábio Ulhoa. *Comentários à Lei de Falências e de Recuperação de Empresas*. 13ª ed. São Paulo: Thomson Reuters Brasil, 2018, pp. 196-197.

contra o garante (avalista ou fiador), mostra-se possível, em razão da soberania da Assembleia de Credores sobre o conteúdo do Plano de Reestruturação, inclusive em relação às objeções/oposições suscitadas, que se estabeleça cláusula supressória das garantias, em verdadeira novação recuperacional ex lege, a depender do tipo de garantia do crédito apresentada. 2. Com relação à fiança, ao aval e ao direito de regresso, garantias fidejussórias (de direito pessoal), por haver expressa disposição legal e se tratar de exceção ao princípio majoritário na aprovação do Plano, elas não podem ser afastadas automaticamente. De fato, diante da previsão normativa específica do art. 49, § 1°, devem ser mantidos os direitos, privilégios e garantias titulados pelos credores que não anuírem com a supressão de suas garantias, mercê da deliberação assemblear em sentido diverso, sendo possível, no entanto, a derrogação convencional de tal prerrogativa por se estar diante de direito disponível, tratando-se de interesse eminentemente privado. 3. Por outro lado, em relação aos direitos reais de garantia, não havendo nenhum dispositivo da legislação de regência que obste a novação, mostra-se plenamente possível que o Plano de Recuperação, por aprovação pela Assembleia, tenha o poder de novar o crédito principal e as correspondentes garantias de direito real, inclusive suprimindo-as, reduzindo-as ou substituindo-as, sob pena de equipará-los aos créditos não sujeitos aos efeitos da recuperação judicial, sem que haja normativo legal para tanto. Assim, ainda que o credor venha a se opor ou votar pela rejeição da supressão de suas garantias reais, deverá se submeter à decisão soberana do órgão máximo representativo dos credores, nos termos do quórum dos arts. 37 e 45 da lei de regência. 4. Na hipótese, mostra-se plenamente eficaz a cláusula supressória do plano de recuperação judicial já que se está diante de uma garantia real. 5. Recurso especial provido.[175]

---

175 STJ, REsp n. 1.539.595/MT. Rel Min. Ricardo Luis Felipe Salomão. 4ª Turma. DJe 23.06.2020.

Não há dúvidas que a existencia de quatro posicionamentos sobre um mesmo tema não é benéfica à segurança jurídica do sistema da LRF. Seria importante que a jurisprudência permanecesse a da Súmula 581 e do recurso repetitivo, sem o alargamento recente que considerou possível e eficaz a cláusula de liberação de garantia aprovada pelo PRJ independentemente da anuência expressa dos credores titulares das garantias.

A permissão para que a devedora possa, pelo seu PRJ, retirar as garantias contratadas sem anuência expressa de seus titulares, poderia criar imprevisibilidade e insegurança jurídica não apenas no mercado de crédito e na economia em geral, mas sobretudo às próprias sociedades empresárias, tanto antes quanto depois do pedido e deferimento da recuperação judicial.

Isso porque, na concessão de crédito, é peça relevante a garantia dada pelo devedor ao credor, influindo decisivamente no custo creditício. Quanto maior a garantia de retorno do empréstimo, em caso de inadimplência do devedor principal, menor a taxa de juros. Será inexorável o aumento dos juros se garantias contratadas no empréstimo puderem ser suprimidas em caso de recuperação judicial mesmo sem a expressa concordância do credor. O aumento dos juros para as sociedades empresárias e empresários é, indiscutivelmente, nefasto para o fomento das atividades feito através do capital de giro tomado no mercado de crédito.

Conclusão

A alienação fiduciária em garantia é o instrumento jurídico que confere ao credor o direito real de propriedade fiduciária, de modo que o devedor, para garantir o pagamento de uma dívida, aliena o bem ao credor, mediante a transferência do seu domínio transitório e resolúvel e da sua posse indireta, ficando com a posse direta e como depositário até o pagamento da dívida garantida, ocasião em que se resolverá a propriedade fiduciária com a restituição da propriedade plena da coisa ao devedor.

Ao lado das vantagens da alienação fiduciária, como sistema eficiente de fornecimento de crédito a juros menores (exatamente pela garantia efetiva da alienação fiduciária), está é também uma fonte geradora de controvérsias quando, no curso do contrato, a devedora fiduciante entra em crise e pede a recuperação judicial.

A ideia do ensaio foi analisar duas questões principais ainda com alguma controvérsia na jurisprudência: os bens de capital essenciais à continuidade da empresa e a higidez das garantias durante o processo de recuperação, esta subdividida nas hipóteses de liberação da garantia pelo PRJ sem anuência expressa do titular do crédito e de renúncia tácita por comportamento do credor que em execução pugna pela penhora de bens diversos dos dados em garantia.

Compreende-se que, não raro, diante de casos concretos e circunstâncias peculiares, os juízes e tribunais precisam ir além do texto e analisar a principal finalidade pretendida pelo legislador. É de se admitir, por conseguinte, que haja, num ou noutro caso, decisões não homogêneas em situações semelhantes.

No que concerne aos *bens de capital essenciais* à continuidade da atividade empresária, apesar de os credores extraconcursais estarem excepcionados da previsão do *stay period*, consta da parte final do § 3º do art. 49, que estão proibidos de proceder à venda ou retirada dos bens de capital essenciais à atividade empresarial.

Prevalece na jurisprudência a interpretação finalística acerca do termo *bem de capital essencial*, tendo como diretriz a posição do Superior Tribunal de Justiça no sentido de que deve haver fidelidade à pretensão maior do legislador, isto é, a interpretação não pode inviabilizar ou dificultar o objetivo principal da superação da crise empresarial.

Apesar disso, recente do Superior Tribunal de Justiça considera que apenas os bens corpóreos usados na atividade produtiva podem ser considerados bens de capital. Já no caso da RJ da Livraria Cultura, o Tribunal de Justiça de São Paulo considerou o dinheiro como bem de capital essencial à recuperação da empresa. Por sua vez, na RJ da Odebrecht prevaleceu o entendimento de que, pelas peculiaridades do caso, as ações da Braskem não eram essenciais ao soerguimento do grupo.

A conclusão é a de que, apesar da direção geral tomada pelo Superior Tribunal de Justiça quanto à interpretação ser favorável ao princípio da preservação da empresa, rejeitando outra que a impeça ou a dificulte, ainda pende de solução definitiva a controvérsia sobre ser ou não o dinheiro bem essencial de capital para a parte final do art. 49, § 3º, da LRF.

Quanto à possibilidade de liberação de garantias pelo PRJ, bem como da eventual renúncia tácita pela conduta do credor fiduciário, é razoável concluir que a jurisprudência, majoritariamente, num e noutro caso, caminha para a solução de que a renúncia só pode ocorrer de forma eficaz quando houver anuência expressa do credor.

Apesar da Súmula 61,[176] o Tribunal de Justiça de São Paulo, em data mais recente, admitiu analisar a conduta específica do credor para considerar possível a renúncia tácita a partir do modo como encaminhou a execução e o pedido de penhora livre, sem a limitação aos bens dados em garantia.

A conclusão que prevalece ainda é a da impossibilidade da renúncia tácita decorrente de pedido de penhora de bens desvinculados da garantia fiduciária, dependente, sempre, da expressa concordância do credor. Ainda assim, excepcionalmente, por força de conduta específica do credor, é possível considerar a renúncia tácita.

Em últimas palavras, a realidade é que, em se tratando de recuperação judicial, a doutrina e a jurisprudência, amparadas no princípio

176 Súmula 61 do TJSP – Na recuperação judicial, a supressão da garantia ou sua substituição somente será admitida mediante aprovação expressa do titular.

da preservação da empresa do art. 47 da LRF,[177] têm apontado um caminho que indica ser o norte para a interpretação das dúvidas envolvendo os casos tratados neste ensaio, ou seja, não se deve, em regra, interpretar de modo a impedir ou dificultar a continuidade da atividade empresarial e seus respectivos benefícios sociais.

Como sempre há o reverso da mesma moeda, não se pode olvidar que, preferindo a preservação da empresa ao direito do credor fiduciário, a consequência pode ser ruim para a própria atividade empresarial, o que se afirma pelo fato de os baixos juros do crédito fiduciário terem origem na liquidez da garantia em caso de inadimplemento. Assim, sem prestígio da garantia fiduciária, não há motivo para os juros serem menores, em detrimento da atividade empresarial como um todo, mas em especial para a continuidade da empresa após o pedido de recuperação judicial.

Enfim, o equilíbrio é primordial. Nem se deve desconsiderar o princípio da preservação da empresa, que é sem dúvida vital para a manutenção dos empregos e benefícios sociais, nem o considerar de modo absoluto, como se a LRF se resumisse ao art. 47 e dispensasse todos os demais.

Referências bibliográficas

COELHO, Fábio Ulhoa. *Comentários à Lei de Falências e de Recuperação de Empresas*. 13ª ed. São Paulo: Thomson Reuters Brasil, 2018.

MAGALHÃES, Paulo Nasser; BUCKLER, Candice Bittencourt Silva. "Anotações sobre a propriedade fiduciária e a alienação fiduciária em garantia". *In*: VENOSA, Silvio de Salvo; VILLAR, Rafael Gagliardi;

177 Art. 47 – A recuperação judicial tem por objetivo viabilizar a superação da situação de crise econômico-financeira do devedor, a fim de permitir a manutenção da fonte produtora, do emprego dos trabalhadores e dos interesses dos credores, promovendo, assim, a preservação da empresa, sua função social e o estímulo à atividade econômica.

MAGALHÃES, Paulo Nasser (Coord.). *10 anos do Código Civil*: Desafios e Perspectivas. São Paulo: Atlas, 2012.

NADER, Paulo. *Curso de Direito Civil*: contratos. 9ª ed. rev. e atual. vol. 3. Rio de Janeiro: Forense, 2018.

RESTIFFE, Paulo Neto; RESTIFFE, Paulo Sérgio. *Garantia fiduciária*: direito e ações: manual teórico e prático com jurisprudência. São Paulo: Revista dos Tribunais, 2000.

SACRAMONE, Marcelo Barbosa. *Comentários à Lei de Recuperação de Empresas e Falências*. São Paulo: Saraiva, 2018.

SCALZILLI, João Pedro; SPINELLI, Luis Felipe; TELLECHEA, Rodrigo. *Recuperação de empresas e falência*: teoria e prática na Lei 11.101/2005. São Paulo: Almedina, 2016.

CAPÍTULO VIII

BREVES CONSIDERAÇÕES SOBRE A FALÊNCIA COMO INSTRUMENTO EFICIENTE AO CREDOR

1 A evolução da legislação falimentar: um longo percurso entre o Decreto-Lei n. 7661/1945 até a Lei n. 14.112/2020

Nas crises de insolvência empresarial sempre houve, de longa data, da concordata à recuperação judicial, um dogma: a falência é a pior solução.

A reflexão que se pretende fazer neste estudo, em breves considerações pertinentes ao espaço oferecido, diz respeito à possibilidade, pelo menos em tese, de a falência ser também considerada aceitável aos credores como forma de recuperação dos seus créditos, ainda que em determinados cenários. Por que não poderia ser, em alguns casos, melhor do que a longa reprogramação e desconto das dívidas feita pela empresa que, por dificuldades diversas, não consegue mais honrar no prazo as obrigações constituídas com seus fornecedores, bancos e fisco?

Faço um parêntese para relembrar que exerci a judicatura na 28ª e 38ª Varas Cíveis, no Fórum João Mendes Júnior, entre 1984 e 1995. Naquele período não havia ainda as Varas Especializadas em Recuperação e Falências, de modo que os processos relacionados às empresas em crise eram distribuídos entre todas as Varas Cíveis daquele Foro Central da Capital.

Estava em vigor, naquele tempo, o Decreto Lei n. 7661/1945, legislação que previa, para o comerciante em estado de insolvência, além da falência, também a concordata. Nessa se permitia que a devedora, para evitar a falência, requeresse em Juízo o pagamento escalonado de suas obrigações, em até dois anos, desde que 2/5 (40%) se fizesse no primeiro ano, nos termos da regra do art. 156 daquela legislação.

Para evitar a falência existia a concordata.

Foi na vigência do Decreto Lei n. 7661/1945 que se consolidou o dogma destinado a convencer os credores renitentes de que, por pior que fosse, era melhor a concordata do que a falência. E a experiência prática na jurisdição dos processos falimentares daquela ocasião revelavam que a concordata era mesmo muito melhor do que a decretação da quebra.

Isso porque, naquela antiga legislação, para que se desse o pagamento dos credores era necessário primeiro fazer a verificação dos créditos, por si demorada em razão das disputas sobre os valores corretos, e também a consolidação do ativo com o qual seriam pagas as dívidas da falida. Tanto a verificação dos créditos quanto a arrecadação dos bens eram procedimentos demoradíssimos. No primeiro, não raro era necessária prova pericial contábil para verificar a correção dos valores. No segundo, era necessário verificar as alienações feitas no período suspeito que retroagia a 60 dias anteriores ao primeiro protesto por falta de pagamento (art. 14, III, DL n. 7661/1945), o que demandava quase sempre uma ação revocatória ou uma pauliana.

E é preciso reconhecer que, fosse na declaração direta da falência, por pedido de algum credor, fosse na convolação da concordata em falência, havia, costumeiramente, malícia da devedora. Prevendo a concordata ou a falência, os bens eram alienados a parentes ou terceiros ou dados em pagamento para benefício exclusivo de um ou outro credor, o que gerava ações revocatórias, quando no período suspeito, ou ações paulianas, quando, mesmo fora do termo legal, havia indícios de fraude contra credores.

Até o julgamento de todos os incidentes de verificações de crédito e das ações destinadas a trazer para a massa ativos alienados, com seus incontáveis recursos, não se consolidava o ativo da massa falida, nem se pagava os credores. Imagine-se que, a cada trânsito em julgado dessas ações, ainda havia o expediente das rescisórias com novos e demorados prazos e recursos.

Fato é que, sem dúvida, a falência era o recurso extremo, muito pior do que a concordata.

2 A transição do Decreto-Lei n. 7.661/1945 para a Lei n. 11.101/2005

O Decreto-Lei n. 7.661 de 1945 vigorou no Brasil por 60 anos – o que revela a dificuldade em promover mudanças em um campo do Direito que lida diretamente com interesses altamente influentes, capazes de pressionar ou paralisar possíveis reformas – e seus procedimentos não possuíam mais qualquer adequação à resolução dos conflitos de interesses entre credores e devedores no cenário de insolvência.

Até aquele momento, o Direito Concursal brasileiro preferia a liquidação da empresa em crise ao invés de sua recuperação, ou seja, o único objetivo – poucas vezes alcançado, diga-se – era pagar os credores, sem se preocupar com a recuperação e o soerguimento do devedor. Nesse aspecto, temos a constatação de Rubens Approbato Machado: "*Raramente uma empresa em concordata conseguia sobreviver, e mais raramente ainda, uma empresa falida era capaz de desenvolver a continuidade de seus negócios".*[178]

Assim, em face da patente ineficiência do sistema concursal brasileiro e da abertura econômica havida em 1990, aumentava a urgência na aprovação de uma legislação falimentar que correspondesse às práticas mais atuais dos países desenvolvidos.

Então, no início da década de 1990, é criada pelo Ministério da Justiça a comissão de reforma da Lei de Falências. Após amplo debate da minuta do anteprojeto pela comunidade acadêmica, em 1993, o Poder Executivo apresentou o Projeto de Lei n. 4.376, que tramitou na Câmara Federal por longos 10 anos, sob a relatoria do Deputado Osvaldo Biolchi, sem que houvesse grandes avanços.

Em 2003, pouco tempo depois de o Brasil ter se comprometido junto ao Fundo Monetário Internacional que implementaria uma nova legislação falimentar, o projeto já aprovado na Câmara foi remetido ao Senado Federal, onde, sob a relatoria do Senador Ramez Tebet, tramitou por cerca de mais 2 anos, sendo sancionado pelo Presidente da República em 09 de fevereiro de 2005.

Seria esse, pautando-se na cronologia estabelecida por Trajano de Miranda Valverde, lembrada por Sheila Neder Cerezetti,[179]

---

178 MACHADO, Rubens Approbato (Coord.). *Comentários à Nova Lei de Falências e Recuperação de Empresas*: doutrina e prática. 1ª ed. São Paulo: Quartier Latin, 2005, p. 22.

179 Na lição da Prof. SHEILA NEDER CEREZETTI, o eminente comercialista fez uma importante classificação a respeito das fases do direito concursal brasileiro: "*Com relação ao direito concursal pátrio a separação de períodos foi indicada por Trajano de Miranda Valverde, que afirmou ter o instituto falimentar no Brasil passado por quatro fases. Segundo o jurista, a primeira delas teve início com a publicação do Código Comercial, sendo bastante marcada pela influência francesa, e findou com o advento da República. Sob o mesmo raciocínio, a próxima fase, que compreende a vigência do Decreto n. 917/1890 e da Lei n. 859/1902, foi marcada pela completa modificação da estrutura legislativa até então vigente, destacando-se aspectos como a caracterização de estado de falência com base em atos ou fatos indicados em*

o início da quinta fase do Direito Falimentar brasileiro, que, sem sombra de dúvida, representaria uma quebra de paradigma em relação às fases anteriores.

A entrada em vigor da Lei n. 11.101/2005 trouxe alterações substanciais nos institutos, transformando a concordata em recuperação judicial, basicamente através da negociação de um plano de recuperação que, com natureza de novação das dívidas, seria feito pela devedora com os seus credores.

Com o advento dos novos institutos – recuperação judicial e extrajudicial – há a implementação da ideia de preservação da empresa economicamente viável e dos benefícios que ela traz à sociedade em geral (função social da empresa). Tal princípio foi explicado pelo Senador Ramez Tebet no Parecer n. 534/2004, apresentado no PLC n. 71/2003, que mais tarde seria convertido na Lei n. 11.101/2005. Vejamos:

> *I) Preservação da empresa: em razão de sua função social, a empresa deve ser preservada sempre que possível, pois gera riqueza econômica e cria empresa e renda, contribuindo para o crescimento e o desenvolvimento social do País. Além disso, a extinção da empresa provoca a perda do agregado econômico representado pelos chamados "intangíveis", como nome, ponto comercial, reputação, marcas, clientela,*

---

lei e a instituição de meios preventivos à falência. A terceira fase é apontada como aquela que começa com a entrada em vigor da Lei n. 2.024/1908, passa pelo Decreto n. 5.746/1929 e termina com a aprovação do Decreto Lei n. 7.661/1945. Seu início seria caracterizado pela simplificação processual introduzida pela Lei n. 2.024, mas não mantida pelo documento legislativo subsequente, e pela ampla autonomia atribuída aos credores nos termos do Decreto n. 5.746. O diploma falimentar de 1945 foi o responsável pela última fase citada pelo autor". (CEREZZETI, Sheila Christina Neder. *A recuperação judicial de sociedade por ações*: o princípio da preservação da empresa na Lei de Recuperação e Falência. São Paulo: Malheiros, 2012, p. 85).

> *rede de fornecedores, know-how, treinamento, perspectiva de lucro, entre outros.*[180]

Essa fundamentação, quando da aprovação da Lei de Recuperação e Falências, tomaria a forma do atual art. 47, *in verbis*:

> *Art. 47. A recuperação judicial tem por objetivo viabilizar a superação da situação de crise econômico-financeira do devedor, a fim de permitir a manutenção da fonte produtora, do emprego dos trabalhadores e dos interesses dos credores, promovendo, assim, a preservação da empresa, sua função social e o estímulo à atividade econômica.*

No âmbito da falência, o intuito foi criar novas condições que afastassem o antigo dogma da pior solução e permitissem melhor situação dos credores no caso de decretação da quebra da devedora insolvente. O legislador de 2005, já com o direito de empresa tratado no Código Civil de 2002, tentou criar os meios para essa condição, como se poderá verificar das disposições do art. 75 ao art. 160 da Lei n. 11.101/2005.

Sobre esse ponto, Fábio Ulhoa Coelho destaca que a falência é "*o processo judicial de execução concursal do patrimônio do devedor empresário, que, normalmente, é uma pessoa jurídica revestida da forma de sociedade por quotas de responsabilidade limitada ou anônima*".[181] Em outras palavras, poderá ser decretada a falência do empresário ou da sociedade empresária que, em crise, não tem condições de pagar as dívidas vencidas, nem permite vislumbrar a continuidade da empresa.

---

180 PARECER n. 534/2004 do Senador Ramez Tebet. *In*: *Lei de Recuperação de Empresas n. 11.101*, de 2005. Brasília: Ed. Senado Federal, 2005, p. 30.

181 COELHO, Fábio Ulhoa. *Comentários à Nova Lei de Falências e de Recuperação de Empresas*. 5ª ed. São Paulo: Saraiva, 2008, p. 192.

Assim, para as empresas inviáveis, o legislador buscou reformar o instituto da falência a fim de conferir celeridade aos feitos falimentares, dizendo expressamente, no art. 75, parágrafo único, que "*O processo de falência atenderá aos princípios da celeridade e da economia processual*". Além disso, estabeleceu que, logo após a arrecadação, fosse iniciada a realização do ativo (art. 139 da Lei n. 11.101/2005), "*independentemente da formação do quadro geral de credores*" (art. 140, § 2º). E, para acelerar a venda dos ativos, dispôs que o adquirente, de toda a empresa ou de filiais, não teria ônus e responsabilidade pelas obrigações do devedor, inclusive as tributárias e trabalhistas (art. 141, II), exceto, claro, se fosse feita pelo falido, sócio, parente ou interposta pessoa (parágrafo primeiro).

Apesar dessas inovações destinadas a afastar o dogma da morosidade e ineficiência, o fato é que, por diversas razões, a situação não se alterou. As recuperações judiciais tiveram total protagonismo e dispararam após a promulgação da Lei n. 11.101/2005, enquanto praticamente não foram decretadas quebras, persistindo, para os credores, o uso daquela velha premissa transformada em dogma: melhor a recuperação, mesmo com planos muito prejudiciais aos credores, do que a falência.

Enfim, as inovações legislativas de 2005 não produziram nenhum resultado prático para tornar a falência um instituto minimamente eficaz. Nem mesmo diante de planos mirabolantes que estabeleciam descontos escorchantes e até décadas de carência para início do pagamento aos credores. A recuperação judicial foi, de fato e na prática, a grande beneficiária da Lei n. 11.101/2005. E a falência, sem ser a preocupação dos intérpretes, continuou a carecer de eficácia como instrumento jurídico com o qual os credores pudessem contar.

3 As principais alterações introduzidas pela Lei n. 14.112/2020 na tentativa de tornar a falência mais eficaz

Em 2020, com a reforma introduzida pela Lei n. 14.112/2020, o legislador deu tratamento especial à falência, com claro e evidente intuito de tornar o instituto viável como opção aos credores. Avançou muito. Não apenas com a intenção de afastar aquela antiga e dogmática premissa oriunda do DL n. 7661/1945, mas sobretudo para permitir que os credores pudessem ter o instituto como opção válida ao recebimento dos seus créditos, sem continuar a ter as grandes perdas que algumas recuperações impuseram sob o velho argumento de que ainda eram melhores do que a decretação da falência.

Na tentativa de alterar esse quadro, o legislador de 2020, além de repetir a necessidade de o processo falimentar atender aos princípios da celeridade e economia processual, acrescentou a afirmação de que a falência "*é meio de preservação de benefícios econômicos e sociais da atividade empresarial e por isso deve permitir a imediata liquidação e a realocação útil de ativos na economia*" (art. 75, § 2º). Isso quer dizer que o processo deve ser rápido, seja para o pagamento dos credores, seja para a realocação de ativos na economia.

Por sua vez, em relação à convolação, que nada mais é do que a transformação da recuperação em falência pelo descumprimento das condições e obrigações assumidas no plano de recuperação judicial aprovado pela assembleia geral de credores, também houve inovação. Antes da Lei n. 14.112/2020, a convolação em falência podia ser feita nas seguintes hipóteses:

> *Art. 73. O juiz decretará a falência durante o processo de recuperação judicial:*
>
> *I – por deliberação da assembleia-geral de credores, na forma do artigo 42 desta Lei;*

> II – *pela* não apresentação, pelo devedor, do plano de recuperação no prazo do artigo 53 desta Lei;
>
> *III – quando houver sido rejeitado o plano de recuperação, nos termos do parágrafo quarto do artigo 56 desta Lei;*
>
> *IV – por descumprimento de qualquer obrigação assumida no plano de recuperação, na forma do parágrafo primeiro do artigo 61 desta Lei.*
>
> *(Parágrafo único. O disposto neste artigo não impede a decretação da falência por inadimplemento de obrigação não sujeita à recuperação judicial, nos termos dos incisos I ou II do caput do artigo 94 desta Lei, ou por prática de ato previsto no inciso III do caput do artigo 94 desta Lei).*

A Lei n. 14.112/2020 acrescentou três outras hipóteses que ensejam a convolação, quais sejam: (i) a rejeição do plano apresentado pelos credores; (ii) o descumprimento dos parcelamentos relativos aos créditos das Fazendas Públicas e do INSS; e (iii) o esvaziamento patrimonial que implique liquidação substancial da empresa, em prejuízo de credores extraconcursais, inclusive as Fazendas Públicas.

Atualmente, portanto, a convolação pode se dar em seis hipóteses: (i) pela deliberação em Assembleia Geral de Credores por credores que representem mais da metade do total dos créditos presentes (art. 73, I); (ii) pela não apresentação do plano no prazo legal (art. 73, II); (iii) pela rejeição do plano apresentado (art. 73, III); (iv) pelo descumprimento das obrigações contidas no plano aprovado (art. 73, IV); (v) pelo não pagamento de parcela devida ao fisco (art. 73, V); e (vi) pelo esvaziamento patrimonial que signifique liquidação substancial da empresa (art. 73, VI).

Em relação às hipóteses acima, são oportunas algumas considerações.

Sobre o descumprimento das obrigações contidas no plano aprovado (art. 73, IV), além de ser indispensável o contraditório, com a manifestação prévia da recuperanda sobre o descumprimento alegado por algum credor ou pelo administrador judicial, impõe-se a verificação da natureza e da substância do descumprimento, ou seja, uma espécie de análise de eventual adimplemento substancial e da conveniência da quebra frente ao prestigiado princípio da preservação da empresa.

Também é digna de nota a crítica feita pelo professor Fábio Ulhoa Coelho, acerca do "esvaziamento patrimonial" a que se refere o art. 73, VI. Isso porque, como bem explica o autor, merecidamente homenageado nesta obra,

> *ao tipifica-la, o legislador não poderia ter se atrapalhado mais. De um lado, proceder a "reserva de bens" é a própria negação da exploração de qualquer atividade econômica de modo racional, que pressupõe exatamente o inverso: otimizar o emprego de todos os ativos como fonte de geração de valor. Por outro lado, a "reserva de projeção de fluxo de caixa futuro" é um requisito etéreo, por ser a mera quantificação unilateral, feita pelo devedor, de suas expectativas de rentabilidade, ou seja, um palpite altamente subjetivo.*[182]

Mas as inovações acima não foram as únicas implementadas no instituto da falência a partir da reforma introduzida pela Lei n. 14.112/2020. O legislador também se ocupou da questão envolvendo a celeridade na venda do ativo, alterando a sistemática do valor de venda do ativo arrecadado, reafirmou a não responsabilidade dos adquirentes de ativos nos processos falimentares, e, ainda, fez importantes alterações nas consequências da falência para o falido.

---

182 COELHO, Fábio Ulhoa. *Comentários à Lei de Falências e de Recuperação de Empresas*. 14ª ed. São Paulo: Thompson Reuters, 2021, p. 285.

4 A importância da celeridade na venda do ativo

Desde a promulgação da Lei n. 11.101/2005, a legislação falimentar deixou expresso que, logo após a arrecadação dos bens e juntada do auto ao processo, seria iniciada a realização do ativo (art. 139), bem como que essa realização seria feita independentemente da formação do quadro geral de credores (art. 140, § 2º). Todavia, apesar desse comando legal, o que se verificava na prática, era uma demora significativa para que fosse iniciada a realização do ativo.

Diante disso, a Lei n. 14.112/2020, reforçando o compromisso com a celeridade na venda do ativo da falida, no art. 142, § 2º-A, IV, estabeleceu que o prazo para a alienação dos bens é, no máximo, de até 180 dias da juntada do auto de arrecadação, sob pena de destituição do administrador judicial (art. 22, III, "j"). A exceção, mencione-se, fica para o caso de impossibilidade fundamentada e aceita pelo juiz.

Nesses dispositivos, acrescidos pela Lei n. 14.112/2020, estão os motivos concretos para se aceitar a ideia de que o antigo e dogmático conceito de ser sempre a falência a pior solução não deve mais subsistir. Ao administrador judicial incumbe, com a decretação da quebra, o dever de juntar aos autos o auto de arrecadação, "ato contínuo" ao compromisso que presta em seguida à sua nomeação, conforme art. 108, *caput*, da Lei n. 11.101/2005. Verdade que, se for necessário avaliar os bens arrecadados, o prazo poderá ser prorrogado por no máximo 30 dias, conforme regra expressa do art. 110, § 1º, da lei.

Claro que, é bom desde logo ressalvar, nenhuma consequência haverá para o administrador judicial se, mesmo preparando tudo para a venda do ativo no prazo de 180 dias, se isso não ocorrer por fatores a que não deu causa. A penalidade, obviamente, não se destina ao administrador diligente. O que ele precisa é apresentar ao juiz, no prazo legal, sob pena de destituição, todos os elementos que permitam a venda do ativo arrecadado no novo prazo estabelecido pela Lei n. 14.112/2020.

A celeridade na realização do ativo para o início do pagamento aos credores pode transformar a falência num procedimento mais adequado aos casos em que a recuperação, de fato, apenas retarda o reconhecimento de que a empresa não possui mais condições de se manter em funcionamento. Em muitos casos, além disso, será possível preservar uma empresa (atividade) viável mediante a célere alienação dos bens, permitindo-se a continuidade sob nova administração. Uma atividade (empresa) pode ser boa e rentável, mas tornar-se inviável por ser mal administrada.

Não é por outra razão que o art. 140, ao estabelecer a ordem de prioridade para a venda do ativo, colocou em primeiro lugar "*a alienação da empresa, com a venda dos seus estabelecimentos em bloco*", depois a "alienação *da empresa, com a venda de suas filiais ou unidades produtivas isoladamente*" e, em seguida, a "*alienação em bloco dos bens que integrem cada um dos estabelecimentos do devedor*" (I a III). Só depois, prejudicadas as hipóteses anteriores, tratou da alienação dos bens individualmente considerados.

E permitiu, desde que no interesse da massa falida e em razão dos custos, que os credores, individualmente ou em grupo, possam, pelo preço da avaliação, adjudicar os bens arrecadados por conta de seus créditos.

Em resumo, a demora que existia na solução das falências no DL n. 7661, pela necessidade de esgotar a discussão dos créditos e a formação do ativo dar início do pagamento dos credores, embora atenuada pela possibilidade de alienação na redação da Lei n. 11.101/2005, não foi suficiente para acelerar o processo e afastar a premissa antiga de que sempre era a quebra o mal maior. Por isso mesmo que, na Lei n. 14.122/2019, o legislador deliberou dar maior rapidez na realização do ativo e no pagamento dos créditos, ofertando aos credores, no confronto com o plano apresentado, a possibilidade de opção pela quebra como a melhor solução para o recebimento de seus créditos.

Embora a nova lei tenha praticamente ordenado a celeridade, sempre poderá haver problema que protele a solução final, como discussões sobre o valor da avaliação ou dos créditos habilitados, mas é bom lembrar que essas pendências não impedirão a alienação do ativo, exceto se houver ordem judicial impeditiva por força daquelas discussões. De todo modo, como o produto da alienação será depositado no processo para pagamento aos credores, fica a possibilidade de eventual reserva para pagamento das pendências eventualmente em discussão.

4.2 A inovação quanto ao valor de venda do ativo arrecadado

Outra importante inovação que nasceu a partir da reforma introduzida pela Lei n. 14.112/2020 é a ausência de preço vil na falência. O art. 142, V, estabelece que a alienação "*não estará sujeita à aplicação do conceito de preço vil*".

E diz, no § 3º-A, que a alienação do ativo será da seguinte maneira:

> *I – em primeira chamada, no mínimo pelo valor de avaliação do bem; II – em segunda chamada, dentro de 15 (quinze) dias, contados da primeira chamada, por no mínimo 50% (cinquenta por cento) do valor de avaliação; e III – em terceira chamada, dentro de 15 (quinze) dias, contados da segunda chamada, por qualquer preço.*

O que determinou a alteração legislativa é que o ativo avaliado seja objeto de alienação judicial em leilão pelo melhor preço de mercado, independentemente da sua avaliação formal, que, não raro realizada com dados hipotéticos, chegam a valores que nem sempre estão em conformidade com o que na realidade valem. O legislador, ao afastar legalmente a alegação de preço vil, previu, em suma, que o ativo será alienado pelo seu real valor para rápido pagamento dos credores.

O art. 143, na mesma linha da celeridade e efetividade da venda do ativo para o pagamento dos credores, permitiu impugnações pelos credores, devedores e Ministério Público, em 48 horas da arrematação. Mas foi além para dispor que as impugnações relacionadas ao "*valor de venda do bem*" somente serão aceitas se acompanhadas de "*proposta firme*" do impugnante ou de terceiros, desde que de valor maior e acompanhada de caução equivalente a 10% do valor ofertado (§ 1º). E considerou, por fim, que a suscitação infundada de vício na alienação será atentatória à dignidade da justiça e sujeitará o suscitante à reparação dos prejuízos e às penalidades previstas no Código de Processo Civil.

Exigiu a lei, contudo, que a venda a ser realizada nessas condições deverá ser aprovada pela Assembleia Geral de Credores, com previsão no plano de recuperação aprovado e ouvido o administrador judicial e o Comitê de Credores, se existente. Se é verdade que, na prática, a recuperanda evitará incluir essa providência no plano de recuperação, verdade também é que os credores, quando de sua aprovação, devem estar atentos para que isso seja votado e incluído.

4.3 A enfática reafirmação da não responsabilidade dos adquirentes

O grande receio de quem se dispõe a comprar um bem em leilão realizado no âmbito de uma recuperação judicial ou de uma falência é não só a segurança da arrematação, mas também a certeza de que não responderá pelos ônus relativos ao bem arrematado.

Na falência, o receio se amplia porque não raro a aquisição é feita de toda a falida, como no caso do estabelecimento principal, da filial ou de importante maquinário. Na tentativa de afastar esse receio, facilitando a alienação, o art. 60, parágrafo único, da Lei n. 11.101/2005, já dispunha que "*O objeto da alienação estará livre de qualquer ônus e não haverá sucessão do arrematante nas obrigações do devedor, inclusive as de natureza tributária, observado o disposto no § 1º do art. 141 desta Lei*".

Mesmo diante dessa redação extremamente clara, a experiência mostrou ser necessário transmitir maior segurança ao mercado, principalmente aos investidores de ativos. Essa a razão pela qual a Lei n. 14.112/2020 alterou a redação do art. 60, parágrafo único, para que nela constasse:

> *O objeto da alienação estará livre de qualquer ônus e não haverá sucessão do arrematante nas obrigações do devedor de qualquer natureza, incluídas, mas não exclusivamente, as de natureza ambiental, regulatória, administrativa, penal, anticorrupção, tributária e trabalhista, observado o disposto no § 1º do art. 141 desta lei.*

Ressalte-se que, inicialmente, o parágrafo único foi parcialmente vetado, retornando à sua versão original após a derrubada do veto, ficando, ao final, com a redação acima transcrita. No fundo, o veto não trazia grande alteração, porque o sentido da lei sempre foi o de afastar do adquirente qualquer responsabilidade sobre os bens alienados no processo falimentar. É que as menções à natureza dos ônus de isenção eram e continuam sendo apenas exemplificativas. Se assim não se entender seria inútil inclusive o próprio instituto falimentar. Ninguém comprará qualquer ativo em alienação judicial de processo de insolvência se não for clara a inexistência de ônus relacionados aos bens adquiridos no processo de insolvência.

No que diz respeito às regras da falência, o art. 141, II, repete as mesmas regras e assenta que qualquer alienação do ativo, conjunta ou separada, de estabelecimento ou filial estará livre de ônus. Confira-se o inciso II:

> *...o objeto da alienação estará livre de qualquer ônus e não haverá sucessão do arrematante nas obrigações do devedor, inclusive as de natureza tributária, as derivadas da legislação do trabalho e as decorrentes de acidentes de trabalho.*

Ou seja, não se transferem responsabilidades, nem há sucessão.

4.4 As alterações nas consequências da falência para o falido

O art. 34 do DL n. 7661/1945 impunha ao falido uma série de obrigações ligadas ao desenvolvimento e auxílio no processo falimentar, bem como várias consequências restritivas como a impossibilidade de se afastar do lugar da falência sem autorização, sob pena de prisão. Além disso, ficava impossibilitado de exercer o comércio até a data da extinção das obrigações, conforme art. 138, o que ocorria, pelo art. 135, em cinco ou dez anos, caso, respectivamente, tivesse ou não sido punido por crime falimentar.

O art. 158 da Lei n. 11.101/2005 manteve o disposto no DL n. 7661/1945 exigindo o pagamento de todos os créditos (inciso I) ou mais de 50% dos quirografários após a realização do ativo (inciso II), ou 5 e 10 anos do encerramento da falência e se não tiver sido condenado por crime falimentar, respectivamente (incisos III e IV).

A Lei n. 14.112/2020 alterou substancialmente os dispositivos e, embora mantido o pagamento de todos os créditos, reduziu para 25% o pagamento dos quirografários depois da realização do ativo. E reduziu para três anos, contados da decretação da falência, independentemente do andamento do processo falimentar e seus incidentes, bem como do encerramento no caso da falência frustrada ou do encerramento por sentença.

Ao reduzir o percentual de pagamento após a liquidação do ativo, de 50% para 25%, e colocar regra objetiva o transcurso de três anos da decretação da quebra, sem qualquer subjetividade relacionada às causas da falência e ter ou não sido condenado por crime falimentar, facilitou o retorno do falido ao mercado produtivo.

A finalidade do legislador foi a de facilitar o retorno do falido aos negócios (o que a doutrina norte-americana chama de *fresh start*), na linha dos objetivos contidos no art. 75 da Lei n. 11.101/2005 (*III – fomentar o empreendedorismo, inclusive por meio da viabilização do retorno célere do empreendedor falido à atividade econômica*). Vale recordar que, na prática, isso acabava acontecendo irregularmente mediante o uso de interposta pessoa. Aliás, importante destacar que estimular novos empreendimentos econômicos[183] é justamente uma das finalidades da Lei de Liberdade Econômica, recentemente promulgada, não se ajustando mais à realidade a punição maior para o empresário cujo negócio anterior não deu certo.

É verdade que o art. 181 e § 1º não foi alterado, em contradição ao novo prazo de três anos se observado que a condenação por crime falimentar conduz à inabilitação para o exercício de atividade empresarial (art. 181, I) por até 5 anos após a extinção da punibilidade.

Para evitar que a reabilitação civil pelo decurso de três anos da declaração da falência não seja prejudicada pela consequência penal de cinco anos, melhor teria sido a alteração expressa do art. 181. Na redação atual, será necessário que, passados os três anos, o falido promova a sua reabilitação penal para voltar plenamente aos negócios.

É importante observar que, mesmo diante da extinção das obrigações, a lei ressalva expressamente que os bens arrecadados antes serão destinados ao pagamento dos credores habilitados ou

183 CUNHA, Fernando Antonio Maia da. *Autonomia Patrimonial das Sociedades Limitadas vs. Desconsideração da Personalidade Jurídica*: desafios e perspectivas da Lei de Liberdade Econômica (Lei n. 13.874 de 20 de setembro de 2019). São Paulo: Contracorrente, 2021, pp. 149-153.

com pedido de reserva deferido, isto é, a exoneração do falido mantém intacta a destinação dos bens que antes haviam sido arrecadados. É uma espécie de patrimônio de afetação sobre o ativo arrecadado, não havendo prejuízo aos credores com o rápido retorno do falido à normalidade negocial.

A facilitação e a abreviação do tempo para apuração do ativo e do passivo (três anos), a extinção da obrigação (da decretação da quebra) e o retorno mais rápido do falido à atividade econômica auxiliam na tentativa do legislador de dar celeridade ao processo falimentar.

A ideia, conforme bem destaca Maria Rita Rebello Pinho Dias, Juíza de Direito Titular da 3ª Vara de Falências e Recuperações Judiciais da Comarca da Capital de São Paulo, é que

> *As alterações promovidas pela nova lei, apontam para desejo do legislador de estabilizar a apuração do ativo e do passivo em prazo exíguo de 3 anos, como medida para imprimir maior celeridade nos procedimentos falimentares. Essa situação evidencia a importância do adequado desempenho de suas funções por parte do administrador judicial, sobretudo para adotar medidas céleres para arrecadação do ativo, permitindo rápida identificação quanto aos bens que compõem a massa falida objetiva.*[184]

Conclusão

A partir das breves considerações feitas a título de reflexão, é possível concluir que a reforma introduzida pela Lei n. 14.112/2020 insistiu em criar condições para a celeridade do processo falimentar. Não tendo a Lei n. 11.101/2015 surtido os efeitos desejados com relação às alternativas então fornecidas para acelerar o processo

---

184 VASCONCELOS, Ronado *et al. Reforma da Lei de Recuperação e Falência* – Lei 14.112/2020. São Paulo: Editora IASP, 2021, p. 1338.

falimentar, a reforma de 2020 foi mais rigorosa e criou condições e obrigações para aquela finalidade.

É possível concluir, também, que, ao buscar afastar os motivos que davam causa à demora do processo falimentar, permitindo que os bens sejam rapidamente alienados e sem discussões estéreis sobre o valor dos bens arrecadados, inclusive acabando com a alegação de preço vil e permitindo a adjudicação pelos credores, pretendeu afastar aquele antigo dogma oriundo do DL n. 7661/1945 de que qualquer coisa é melhor do que a decretação da quebra. Não por outra razão estabeleceu que o prazo máximo para alienação do ativo é de 180 dias contados da juntada do auto de arrecadação, sob pena de destituição do administrador que não for diligente.

Em suma, se os credores atentarem para as alterações legislativas e para a própria evolução do Direito Falimentar, terão, na Lei n. 14.112/2020, meios e condições de levar ao juiz a hipótese de falência como uma opção eficiente à preservação dos seus direitos creditórios, em especial quando a recuperação judicial, cujo plano contenha descontos substanciais e alongados prazos de carência, não se mostrar a solução adequada ao pagamento dos créditos.

Referências bibliográficas

CEREZZETI, Sheila Christina Neder. *A recuperação judicial de sociedade por ações*: o princípio da preservação da empresa na Lei de Recuperação e Falência. São Paulo: Malheiros, 2012.

COELHO, Fábio Ulhoa. *Comentários à Lei de Falências e de Recuperação de Empresas*. 14ª ed. São Paulo: Thompson Reuters, 2021.

COELHO, Fábio Ulhoa. *Comentários à Nova Lei de Falências e de Recuperação de Empresas*. 5ª ed. São Paulo: Saraiva, 2008.

CUNHA, Fernando Antonio Maia da. *Autonomia Patrimonial das Sociedades Limitadas vs. Desconsideração da Personalidade Jurídica*: desafios e perspectivas da Lei de Liberdade Econômica (Lei n. 13.874 de 20 de setembro de 2019). São Paulo: Contracorrente, 2021.

MACHADO, Rubens Approbato (Coord.). *Comentários à Nova Lei de Falências e Recuperação de Empresas*: doutrina e prática. 1ª ed. São Paulo: Quartier Latin, 2005.

PARECER n. 534/2004 do Senador Ramez Tebet. *In*: *Lei de Recuperação de Empresas n. 11.101*, de 2005. Brasília: Ed. Senado Federal, 2005.

CAPÍTULO IX

ENCERRAMENTO CÉLERE DA FALÊNCIA E *FRESH START*

Introdução

O presente artigo versa sobre dois temas coligados e de alta relevância à garantia de efetividade do sistema de insolvência brasileiro: o encerramento da falência e a extinção das obrigações do falido. Isso porque, é através deles que se pode permitir a liberação das obrigações do falido *fresh start* e seu retorno à atividade econômica.

Justamente por isso, a reforma introduzida pela Lei n. 14.112/2020 na Lei de Recuperação de Empresas e Falência deu especial atenção a eles. O objetivo foi afastar aquela velha premissa – que vinha desde o Decreto-Lei n. 7.661/1945 – de que as falências eram infindáveis.

Dessa forma, se pretende garantir uma volta mais rápida do falido às atividades econômicas, bem como promover a circulação no mercado dos ativos envolvidos nos processos de falência. Para tanto, o legislador de 2020, além de repetir a necessidade de o processo falimentar atender aos princípios da celeridade e economia processual, acrescentou o comando de que a falência "*é meio de preservação de benefícios econômicos e sociais da atividade empresarial e por isso deve permitir a imediata liquidação e a realocação útil de ativos na economia*" (art. 75, § 2º, da Lei n. 11.101/2005).

Isso quer dizer que o processo tem, por obrigação legal, que tramitar da forma mais célere possível, de modo a favorecer o pagamento dos credores e também para proporcionar a realocação de ativos na economia, bem como do próprio falido.

Assim, neste artigo convidamos os leitores à uma reflexão sobre as principais alterações nos artigos 156 a 158 da Lei n. 11.101/2005, a fim de analisar os avanços decorrentes da reforma introduzida pela Lei n. 14.112/2020 na legislação falimentar.

1 A Mudança de paradigma oriunda da reforma introduzida pela Lei n. 14.112/2020

Nos termos do artigo 154, *caput*, da Lei n. 11.101/2005[185] (que não sofreu alteração com a reforma introduzida pela Lei n. 14.112/2020), após a conclusão da realização de todo o ativo arrecado pelo administrador judicial na falência e a distribuição de seu produto entre os credores, o administrador judicial apresentará suas contas ao juiz, no prazo de 30 dias.

Destaque-se que a referência feita pelo artigo 154, *caput*, da Lei n. 11.101/2005 à realização de todo o ativo e sua distribuição entre os credores, não significa que todos os créditos tenham sido satisfeitos, mas sim que o produto da realização do ativo foi distribuído em atenção à ordem de preferências estabelecida pela Lei

185 "*Art. 154. Concluída a realização de todo o ativo, e distribuído o produto entre os credores, o administrador judicial apresentará suas contas ao juiz no prazo de 30 (trinta) dias*".

n. 11.101/2005, como alertam Daniel Carnio Costa e Alexandre Nasser de Melo:

> *Após a realização do ativo (Seção X) e o pagamento dos credores (Seção XI), passa-se à fase de encerramento do processo falimentar. Esse encerramento não significa que todos os créditos tenham sido satisfeitos, mas sim que foi rateado entre os credores o produto obtido com a realização do ativo, na forma prevista em lei, dentro da capacidade de pagamento da massa falida. A partir disso, abre-se o prazo de 30 dias para que o administrador judicial faça a apresentação de contas.*[186]

Apresentadas as contas pelo administrador judicial, o juiz abrirá prazo para que os eventuais interessados possam impugná-las, no prazo de 10 dias, suscitando as eventuais razões para sua rejeição.

Anote-se que o descumprimento da obrigação de apresentar contas é causa de destituição do administrador judicial, nos termos do art. 23, parágrafo único, da Lei n. 11.101/2005.[187]

Concluídas tais providencias, o juiz julgará, por sentença, as contas do administrador judicial, sendo que, caso haja a rejeição das contas, a sentença fixará "*suas responsabilidades, poderá determinar a indisponibilidade ou o sequestro de bens e servirá como título executivo para indenização da massa*", nos termos do art. 154, § 5º, da Lei n. 11.101/2005.[188]

---

186 COSTA, Daniel Carnio; MELO, Alexandre Nasser. *Comentários à Lei de recuperação de empresas e falência*. 2ª ed. São Paulo: Juruá, 2021, p. 298.

187 "*Art. 23. O administrador judicial que não apresentar, no prazo estabelecido, suas contas ou qualquer dos relatórios previstos nesta Lei será intimado pessoalmente a fazê-lo no prazo de 5 (cinco) dias, sob pena de desobediência.*

Parágrafo único. Decorrido o prazo do caput deste artigo, o juiz destituirá o administrador judicial e nomeará substituto para elaborar relatórios ou organizar as contas, explicitando as responsabilidades de seu antecessor".

188 "*Art. 154. Concluída a realização de todo o ativo, e distribuído o produto entre os credores, o administrador judicial apresentará suas contas ao*

No caso de as contas serem julgadas procedentes, cabe ao administrador judicial apresentar o relatório final da falência, no prazo de 10 dias, descriminando o valor do ativo e do produto de sua realização, o valor do passivo, os pagamentos feitos aos credores, bem como detalhar as responsabilidades com que continuará o falido, nos moldes do art. 155 da Lei n. 11.101/2005.[189]

Posteriormente à apresentação do relatório final pelo administrador judicial, o juiz encerrará a falência por sentença, conforme dispõe o art. 156 da Lei n. 11.101/2005.[190]

Aqui é digna de nota a consideração feita pelo eminente e saudoso comercialista José Xavier Carvalho de Mendonça, no sentido de que:

> *é indispensável que se encerre a falência mediante sentença, não só porque em virtude de outra sentença ela foi declarada, como porque há necessidade de fixar a data para prescrição da ação penal contra o falido.*[191]

---

juiz no prazo de 30 (trinta) dias. § 5º A sentença que rejeitar as contas do administrador judicial fixará suas responsabilidades, poderá determinar a indisponibilidade ou o sequestro de bens e servirá como título executivo para indenização da massa".

189 *"Art. 155. Julgadas as contas do administrador judicial, ele apresentará o relatório final da falência no prazo de 10 (dez) dias, indicando o valor do ativo e o do produto de sua realização, o valor do passivo e o dos pagamentos feitos aos credores, e especificará justificadamente as responsabilidades com que continuará o falido".*

190 *"Art. 156. Apresentado o relatório final, o juiz encerrará a falência por sentença e ordenará a intimação eletrônica às Fazendas Públicas federal e de todos os Estados, Distrito Federal e Municípios em que o devedor tiver estabelecimento e determinará a baixa da falida no Cadastro Nacional da Pessoa Jurídica (CNPJ), expedido pela Secretaria Especial da Receita Federal do Brasil. (Redação dada pela Lei n. 14.112, de 2020)".*

191 CARVALHO DE MENDONÇA, José Xavier. *Tratado de Direito Comercial Brasileiro*. Tomo II. 1ª ed. atual. vol. 5. atual. Campinas: BookSeller, 2006, p. 455.

E não é só. Conforme demonstrado a seguir, a data da sentença de encerramento da falência também influencia na contagem do prazo para a extinção das obrigações do falido nas hipóteses dos incisos V e VI do art. 158 da Lei n. 11.101/2005.

Cumpre destacar que antes da reforma introduzida pela Lei n. 14.112/2020, mesmo diante da prolação da sentença de encerramento da falência, o falido continuava com suas obrigações em aberto e inabilitado para o exercício da atividade empresarial, uma vez que tal sentença detinha caráter meramente processual – tal como na época de vigência do Decreto-Lei n. 7.661/1945 –, sendo apenas a partir da sentença de declaração da extinção de suas obrigações que lhe era permitida a reabilitação.

A esse respeito, confira-se o comentário de Trajano de Miranda Valverde ao art. 132 do Decreto-Lei n. 7.661/1945, que dispunha sobre a sentença de encerramento:

> *A sentença de encerramento, se põe termo ao processo não aniquila, todavia, por completo, os efeitos da falência, que perduram até a sentença que julga extintas as obrigações do falido. (...) Ainda que não tenha sido condenado por crime falimentar, mesmo depois de encerrado o processo, não cessam os efeitos da falência relativamente a certas incompatibilidades que esse estado cria para o exercício de determinados cargos ou funções, que envolvam a administração de patrimônio alheio.*[192]

Note-se que esse caráter meramente processual ainda prevalecia na antiga redação do art. 156 da Lei n. 11.101/2005, conforme a lição de Manoel Justino Bezerra Filho:

192 VALVERDE, Trajano de Miranda. *Comentários à Lei de Falências*. vol. II. Rio de Janeiro: Forense, 1948, p. 191.

> *A sentença de encerramento da falência tem caráter meramente processual, permanecendo o devedor falido com todas as obrigações em aberto. (...) O que vai liberar efetivamente o devedor falido do pagamento dos débitos ainda em aberto será a sentença de extinção das obrigações, de natureza substantiva.*[193]

Contudo, a Lei n. 14.112/2020 trouxe profundas alterações à disciplina da extinção das obrigações do falido, permitindo que seja declarada a sua ocorrência após o decurso de 3 anos da data em que é decretada a quebra, ou mesmo no momento em que ocorrer o encerramento da falência, o que se der primeiro.

3 Revogação do artigo 157 da Lei n. 11.101/2005

O artigo 157 da Lei n. 11.101/2005 previa que "*O prazo prescricional relativo às obrigações do falido recomeça a correr a partir do dia em que transitar em julgado a sentença do encerramento da falência*".

Antes da reforma introduzida pela Lei n. 14.112/2020, a partir da decretação da falência do devedor ou da publicação da decisão de processamento da recuperação judicial, o prazo prescricional era suspenso, nos termos do artigo 6º da Lei n. 11.101/2005.

Ademais, considerando que a sentença de encerramento não implicava a extinção das obrigações do falido, o artigo 157 Lei n. 11.101/2005 dispunha que o trânsito em julgado da sentença de encerramento correspondia ao marco de reinício da contagem do prazo prescricional, de sorte que os credores poderiam dar prosseguimento às execuções individuais se as obrigações do falido não tivessem sido extintas.

---

193 BEZERRA FILHO, Manoel Justino. *Comentários à Lei de recuperação de empresas e falência*. 14ª ed. São Paulo: Revista dos Tribunais, 2018, p. 395.

A lógica que justificava tal disposição era uma só: a sentença de encerramento da falência tinha caráter meramente processual e não extinguia as obrigações do devedor falido. Ao contrário, o falido devia aguardar o decurso de um prazo de 5 a 10 anos após o encerramento da falência para requerer a extinção de suas obrigações.

Entretanto, ante as novas normas que disciplinam a extinção das obrigações do falido, permitindo a decretação de sua extinção em exíguo prazo de tempo, ou, sobretudo, antes do encerramento da falência, perde-se o sentido de se manter suspenso o prazo prescricional das obrigações do falido durante todo o período de tramitação da falência, conforme destaca a doutrina:

> *A alteração da legislação revogou o dispositivo legal. Isso porque, pela nova redação do art. 158, as obrigações serão extintas com o encerramento do processo de falência por sentença, nos termos do art. 156.*[194]
>
> *A propósito, a revogação do art. 157 é consentânea com a lógica inaugurada pela Lei n. 14.112/2020, consistente no amplo efeito liberatório da sentença de encerramento da falência (...). Se tal sentença acarreta a extinção das obrigações, não há mais retomada de curso prescricional após sua passagem em julgado.*[195]

Necessário observar com relação às obrigações fiscais, o disposto pelo art. 7º-A, § 4º, V, da Lei n. 11.101/2005, no sentido de que as execuções fiscais permanecem suspensas até o encerramento do processo falimentar. Assim, não obstante a revogação do artigo 157 da Lei n. 11.101/2005, diante da impossibilidade de declaração

---

194 SACRAMONE, Marcelo Barbosa. *Comentários à Lei de recuperação de empresas e falência*. 2ª ed. São Paulo: Saraiva, 2021, p. 599.

195 FERES, Marcelo Andrade. "Extinção das obrigações do falido após a Lei 14.112/2020: o maléfico fresh start à brasileira". *In*: FRAZÃO, Ana *et al.* (Coord.). *Direito Empresarial e suas interfaces*: homenagem a Fábio Ulhoa Coelho. São Paulo: Quartier Latin, 2022, p. 224.

de extinção das obrigações do falido quanto ao passivo fiscal após o encerramento da falência, as respectivas obrigações que tiveram seu prazo de prescrição suspenso, por força da decretação da falência, permanecem nesse estado durante toda a sua tramitação, voltando a correr após a prolação da sentença de encerramento.

4 Hipóteses de extinção das obrigações do falido

É inequívoco que a reforma introduzida pela Lei n. 14.112/2020 trouxe relevantes alterações na disciplina da extinção das obrigações do falido. Essa mudança de paradigma se traduz no artigo 75 da Lei n. 11.101/2005, ao dispor que o procedimento falimentar tem também por objetivo fomentar o empreendedorismo e que isso poderá ser atingido com o retorno célere do empreendedor falido à atividade econômica.

Cumpre relembrar que antes da reforma de 2020, a redação do artigo 158 da Lei n. 11.101/2005[196] previa as seguintes hipóteses aptas a fundamentar o pedido de extinção das obrigações do falido:

> (i) o pagamento de todos os créditos;
>
> (ii) o pagamento de mais de 50% dos créditos quirografários, facultando-se ao falido depositar a diferença necessária para superar esse percentual;

---

196 *Art. 158. Extingue as obrigações do falido: I – o pagamento de todos os créditos; II – o pagamento, depois de realizado todo o ativo, de mais de 50% (cinquenta por cento) dos créditos quirografários, sendo facultado ao falido o depósito da quantia necessária para atingir essa porcentagem se para tanto não bastou a integral liquidação do ativo; III – o decurso do prazo de 5 (cinco) anos, contado do encerramento da falência, se o falido não tiver sido condenado por prática de crime previsto nesta Lei; IV – o decurso do prazo de 10 (dez) anos, contado do encerramento da falência, se o falido tiver sido condenado por prática de crime previsto nesta Lei.*

> (iii) o decurso do prazo de 5 anos, contados do encerramento da falência, se o falido não tivesse sido condenado por crime falimentar;
>
> (iv) o decurso do prazo de 10 anos, contados do encerramento da falência, se o falido tivesse sido condenado por crime falimentar.

Com a reforma, o legislador alterou o percentual previsto para pagamento parcial do passivo. Revogou, ainda, os incisos III e IV, os quais previam a necessidade de se aguardar o decurso de prazo de 5 a 10 anos da data do encerramento da falência,[197] estabelecendo, no inciso V, o prazo de 3 anos, contados da decretação da falência. Por sua vez, incluiu o inciso VI, que prevê a extinção das obrigações pelo "*encerramento da falência nos termos dos arts. 114-A ou 156*".

Logo, com as alterações, houve não só a redução do percentual dos créditos a serem quitados, mas também da dinâmica de contagem dos prazos que podem ensejar o pedido de extinção das obrigações do falido, tudo com o objetivo de tornar mais célere o seu retorno ao mercado e à atividade econômica. Assim, oportuno transcrever a nova redação do artigo 158 da Lei n. 11.101/2005:

> *Art. 158. Extingue as obrigações do falido:*
>
> *I – o pagamento de todos os créditos;*
>
> *II – o pagamento, após realizado todo o ativo, de mais de 25% (vinte e cinco por cento) dos créditos quirografários, facultado ao falido o depósito da quantia necessária para atingir a referida porcentagem se para isso não tiver sido suficiente a integral liquidação do ativo; (Redação dada pela Lei n. 14.112, de 2020)*

---

197 Essas hipóteses, eram as que mais ocorriam na sistemática anterior, sobretudo considerando que as demais situações eram de ocorrência improvável, o que tornava muito lento o processo de reabilitação do falido.

> *III - (revogado); (Redação dada pela Lei n. 14.112, de 2020)*
>
> *IV - (revogado); (Redação dada pela Lei n. 14.112, de 2020)*
>
> *V - o decurso do prazo de 3 (três) anos, contado da decretação da falência, ressalvada a utilização dos bens arrecadados anteriormente, que serão destinados à liquidação para a satisfação dos credores habilitados ou com pedido de reserva realizado; (Incluído pela Lei n. 14.112, de 2020)*
>
> *VI - o encerramento da falência nos termos dos arts. 114-A ou 156 desta Lei. (Incluído pela Lei n. 14.112, de 2020).*

Conforme se infere da atual redação do artigo 158 da Lei n. 11.101/2005, a primeira hipótese de extinção das obrigações do falido, não alterada pela reforma de 2020, é o pagamento de todos os créditos da massa falida (art. 158, I, da Lei n. 11.101/2005). Neste caso, o produto arrecadado com a liquidação do ativo será suficiente para a satisfação de todos os créditos, quais sejam, as compensações das dívidas do falido vencidas até a decretação da falência (art. 122), as restituições de bens e direitos aos seus respectivos titulares (art. 85), a antecipação das despesas essenciais à falência (arts. 150 e 151), os créditos extraconcursais (LRF, art. 84) e os créditos concursais (art. 83).

A segunda hipótese de extinção das obrigações do falido é pelo pagamento de mais de 25% dos créditos quirografários (art. 158, II, da Lei n. 11.101/2005), respeitada a ordem legal de preferência, ou seja, após a satisfação de todos os créditos das classes anteriores. Com tal previsão, garantiu-se maior facilidade na extinção das obrigações em relação à redação anterior, que previa a necessidade de pagamento de mais de 50% dos créditos quirografários. Anote-se que foi mantida a faculdade de o falido depositar a quantia necessária para atingir os 25% dos créditos quirografários, como forma de tutelar os objetivos da falência, com vistas à realocação eficiente de recursos na economia.

A terceira hipótese de extinção das obrigações do falido é o decurso do prazo de 3 anos, contados da data em que é proferida a sentença de decretação da falência (art. 158, V, da Lei n. 11.101/2005).[198] Após esse prazo, é garantida a liquidação dos bens já arrecadados, que serão destinados ao rateio entre os credores habilitados ou com pedido de reserva realizado, sendo que as habilitações retardatárias deverão ser apresentadas dentro deste prazo de 3 anos, contados da sentença que decretar a falência, sob pena de decadência (art. 10, § 10 da Lei n. 11.101/2005).

Antes da reforma, a lei previa prazos excessivamente longos (cf. os revogados incisos III e IV do artigo 158, que estabeleciam os prazos de 5 anos se o falido não houvesse sido condenado pela prática de crime falimentar, ou de 10 anos se o falido houvesse sido condenado por crime falimentar, ambos contados da data da sentença de encerramento da falência), prolongando demasiadamente a inabilitação do empresário, que, em não raras situações, acabava por se valer de interposta pessoa para exercer atividade econômica. Assim, o objetivo do legislador com a referida alteração foi justamente promover o que a doutrina norte-americana denomina de *fresh start*, já que passados 3 anos da decretação da quebra, não se espera qualquer responsabilidade do falido, conforme destaca Maria Rita Rebello Pinho Dias:

> *Reforçando a pretensão do legislador de estabilizar a apuração do passivo passados 3 anos da sentença de quebra, constata-se que o artigo 158, V, da LRF prevê que, passado esse mesmo período, ocorre a extinção da obrigação falido,*

---

198 Ressalve-se, que por expressa previsão da Lei n. 14.112/2020, o prazo de 3 anos estabelecido pelo inciso V do artigo 158 somente será aplicado às falências decretadas, inclusive as decorrentes de convolação, após o início de sua vigência. ("*Art. 5º Observado o disposto no art. 14 da Lei n. 13.105, de 16 de março de 2015 (Código de Processo Civil), esta Lei aplica-se de imediato aos processos pendentes. § 1º Os dispositivos constantes dos incisos seguintes somente serão aplicáveis às falências decretadas, inclusive as decorrentes de convolação, e aos pedidos de recuperação judicial ou extrajudicial ajuizados após o início da vigência desta Lei: IV - as disposições previstas no inciso V do caput do art. 158 da Lei n. 11.101, de 9 de fevereiro de 2005*").

> *independentemente do pagamento das obrigações. Ou seja, trata-se de norma que isenta o falido de responsabilidade antes do encerramento da falência, sendo importante inovação trazida pela reforma. Trata-se do fresh start. No entanto, mais do que permitir o retorno do falido ao exercício da atividade empresarial, artigo 158, V, da LRF, evidencia a pretensão do legislador de indicar como ideal que a falência tenha um curto tempo de duração, isso porque sinaliza que passados 3 anos da decretação da quebra não se espera qualquer responsabilidade do falido, que passa a ter o direito de exigir a declaração da extinção de sua responsabilidade e a sua reabilitação, podendo, assim, constituir outro patrimônio, o qual não responderá pelas obrigações pregressas.*[199]

Contudo, sobre a extensão da declaração de extinção das obrigações do falido pretendida pelo legislador é necessário um esclarecimento, sobretudo diante de ressalva de que o patrimônio arrecadado continua responsável pelas obrigações. Isso porque, a exoneração da responsabilidade do falido não afasta a responsabilidade da massa falida subjetiva[200] por tais obrigações, em especial considerando que este sujeito despersonalizado de direitos é sucessor do falido em suas obrigações. Diante disso, a extinção das obrigações do falido por declaração judicial não consiste, efetivamente, no término da obrigação em si, mas em hipótese de exoneração

---

199 DIAS, Maria Rita Rebello Pinho. "Normas de estabilização dos conflitos no processo falimentar: potenciais efeitos para aumento de sua celeridade e efetividade". *In*: CUNHA, Fernando Antonio Maia da; LAZZARESCHI NETO, Alfredo Sergio. *Direito Empresarial Aplicado*. vol. 2. São Paulo: Contracorrente, 2022, p. 210.

200 Sobre os conceitos de massa falida objetiva e subjetiva, tem-se que "*o primeiro se refere ao conjunto de bens que compõem o patrimônio do falido e que serão arrecadados, e o segundo, à comunhão de interesses dos credores, consistente em sujeito de direito despersonificado, que sucede o falido, como continuação*". (CUNHA, Fernando Antonio Maia da; DIAS, Maria Rita Rebello Pinho. *Comentários à lei de recuperação de empresas e falência*: Lei n. 11.101, de 09 de fevereiro de 2005. São Paulo: Contracorrente, 2022, p. 788).

antecipada da responsabilidade do devedor, mantendo-se as obrigações existentes perante sua sucessora (a massa falida subjetiva).

A quarta e última hipótese de extinção das obrigações do falido, prevista pelo art. 158, VI, da Lei n. 11.101/2005, também se configura em inovação introduzida pela Lei n. 14.112/2020, garantindo que as obrigações do falido também serão extintas com a sentença que encerrar o procedimento falimentar – tanto na hipótese do artigo 114-A[201] (falências infrutíferas), quanto do artigo 156 (hipótese convencional de encerramento). Portanto, com a reforma, ficou prejudicada a antiga regra que estabelecia o retorno do curso do prazo prescricional relativo às obrigações do falido, a partir da sentença de encerramento da falência, já que tal ato processual extingue as obrigações do falido. Nesse sentido, é o comentário da doutrina:

> *A última hipótese é uma novidade estabelecida pela Lei 14.112/2020, garantindo que as obrigações do falido também sejam extintas com a sentença que encerrar o procedimento falimentar – tanto na hipótese do artigo 114-A quanto do artigo 156 da LRF. Vislumbra-se, portanto, que em razão deste novo cenário, não mais se justifica a antiga sistemática da Lei 11.101/05, que estabelecia o retorno do curso do prazo prescricional relativo às obrigações do falido, a partir do trânsito em julgado da sentença de encerramento da falência (art. 157), já que tal ato processual extingue as obrigações do falido, nos termos do inciso VI do artigo 158.*[202]

---

201 "*Art. 114-A. Se não forem encontrados bens para serem arrecadados, ou se os arrecadados forem insuficientes para as despesas do processo, o administrador judicial informará imediatamente esse fato ao juiz, que, ouvido o representante do Ministério Público, fixará, por meio de edital, o prazo de 10 (dez) dias para os interessados se manifestarem. (Incluído pela Lei n. 14.112, de 2020)*".

202 CUNHA, Fernando Antonio Maia da; DIAS, Maria Rita Rebello Pinho. *Comentários à lei de recuperação de empresas e falência*: Lei n. 11.101, de 09 de fevereiro de 2005. São Paulo: Contracorrente, 2022, p. 790.

Ou seja, a partir dessa nova previsão, tem-se que "*a extinção das obrigações do falido passou a ser concomitante com o encerramento da falência, exceto se ela durar mais do que 3 anos, hipótese em que a antecederá*".[203] Atente-se que essa inovação legislativa é aplicável aos processos preexistentes, nos termos do art. 5º, § 5º, da Lei n. 14.112/2020, que estabelece: "*o disposto no inciso VI do caput do art. 158 terá aplicação imediata, inclusive às falências regidas pelo Decreto-Lei n. 7.661, de 21 de junho de 1945*". Marcelo Andrade Feres destaca a relevância da referida disposição:

> *Tal disposição sobre a eficácia da lei no tempo surge com intuito de cobrir o vácuo decorrente da revogação expressa dos incisos III e IV do art. 158. De fato, sem os incisos suprimidos, como ficaria a situação dos processos pendentes, principalmente daqueles em que já houvesse sentença de encerramento da falência, com pendencia quanto à extinção das obrigações do falido? Trata-se de regra sobremaneira necessária e adequada aos propósitos da atual sistemática normativa. Ao lado disso, ela revela a opção legislativa pela ampla discharge ao final do processo de quebra. As sentenças de encerramento da falência, independentemente do momento e da sorte do processo em que proferidas, operam atual efeito liberatório do devedor.*[204]

Outro ponto relevante diz respeito ao fato de que o prazo para que o falido pleiteie a declaração de extinção de suas obrigações não mais depende da prática ou não de crime falimentar, como ocorria

---

203 DIAS, Maria Rita Rebello Pinho. "Normas de estabilização dos conflitos no processo falimentar: potenciais efeitos para aumento de sua celeridade e efetividade". *In*: CUNHA, Fernando Antonio Maia da; LAZZARESCHI NETO, Alfredo Sergio. *Direito Empresarial Aplicado*. vol. 2. São Paulo: Contracorrente, 2022, p. 211.

204 FERES, Marcelo Andrade. "Extinção das obrigações do falido após a Lei 14.112/2020: o maléfico fresh start à brasileira". *In*: FRAZÃO, *Ana et al.* (Coord.). *Direito Empresarial e suas interfaces*: homenagem a Fábio Ulhoa Coelho. São Paulo: Quartier Latin, 2022, p. 235.

na vigência da redação anterior da Lei n. 11.101/2005. No entanto, considerando que o artigo 181, I e III, da Lei n. 11.101/2005 não sofreu alteração pela Lei n. 14.122/2020, permanece a previsão de que é efeito da condenação por crime falimentar a inabilitação para o exercício de atividade empresarial, sendo que esses efeitos perduram por até 5 anos após a extinção da punibilidade, podendo cessar antes pela reabilitação penal. Desse modo, ainda que já tenha ocorrido a reabilitação civil do falido, não necessariamente haverá sua reabilitação criminal.

Destaca-se, também, que a Fazenda Pública não está sujeita aos efeitos da extinção da obrigação do falido, conforme previsto no artigo 191 do CTN, que dispõe: "*Art. 191. A extinção das obrigações do falido requer prova da quitação de todos os tributos*". Logo, ainda que se declare a extinção das obrigações do falido com relação aos demais credores, o juízo falimentar não o poderá fazer com relação às obrigações fiscais, as quais persistem existentes e exigíveis do falido. No tocante à essas obrigações, será preciso aguardar o encerramento da falência, oportunidade em que as execuções fiscais, que estavam suspensas, por força do disposto no art. 7º-A, § 4º, V, voltarão a correr, assim como os respectivos prazos prescricionais.

Conclusão

Em síntese, o presente artigo destacou as principais alterações promovidas nos artigos 156 a 158 da Lei n. 11.101/2005, a fim de detectar os avanços decorrentes da reforma introduzida pela Lei n. 14.112/2020 na legislação falimentar.

Conforme demonstrado, a reforma introduzida pela Lei n. 14.112/2020 deu especial atenção a dois temas de alta relevância ao sistema de insolvência brasileiro: o encerramento da falência e a extinção das obrigações do falido. O objetivo almejado foi afastar aquela velha premissa de que as falências eram infindáveis, visando, assim, a volta mais rápida do falido às atividades econômicas, bem como a circulação no mercado dos ativos envolvidos nos processos de falência.

Para tanto, a Lei n. 14.112/2020 introduziu uma relevante mudança de paradigma na disciplina da extinção das obrigações do falido, permitindo que seja declarada a sua ocorrência após o decurso de 3 anos da data em que é decretada a quebra, ou, no momento em que ocorrer o encerramento da falência, o que acontecer primeiro.

Ou seja, houve uma mudança significativa na antiga sistemática da Lei n. 11.101/2005, segundo a qual mesmo diante da prolação da sentença de encerramento da falência, o falido continuava com suas obrigações em aberto e inabilitado para o exercício da atividade empresarial, uma vez que tal sentença tinha caráter meramente processual, sendo que apenas a sentença que declarava a extinção de suas obrigações é que lhe permitia a reabilitação.

Diante dessas mudanças, houve a revogação do artigo 157 da Lei n. 11.101/2005, uma vez que as novas normas que disciplinam as obrigações do falido permitem sua extinção em exíguo prazo, ou, mesmo, antes do encerramento da falência, eliminando-se o sentido de manter-se suspenso o prazo prescricional das obrigações do falido durante todo o período de tramitação da falência.

No que diz respeito ao rol de situações em que ocorre a extinção das obrigações do falido, pontuou-se que a Lei n. 14.112/2020 não alterou a primeira hipótese prevista pelo art. 158, I, da Lei n. 11.101/2005, que é a de pagamento de todos os créditos da massa falida.

A segunda hipótese de extinção das obrigações do falido sofreu alteração a partir da reforma introduzida pela Lei n. 14.112/2020: houve a diminuição do percentual previsto no art. 158, II, da Lei n. 11.101/2005, que passou a ser de mais de 25% dos créditos quirografários, facilitando, assim, a extinção das obrigações em relação à redação anterior, que previa a necessidade de pagamento de mais de 50% dos créditos quirografários.

A terceira hipótese de extinção das obrigações do falido é o transcurso do prazo de 3 anos, contados da data em que é proferida a sentença de decretação da falência (art. 158, V, da Lei n. 11.101/2005). O objetivo com a referida alteração foi promover o *fresh start*, já que passados 3 anos da decretação da quebra, não se espera qualquer responsabilidade do falido.

A quarta e última hipótese de extinção das obrigações do falido, prevista pelo art. 158, VI, da Lei n. 11.101/2005, também versa sobre mais uma inovação introduzida pela Lei n. 14.112/2020, garantindo que as obrigações do falido também sejam extintas com a sentença que encerrar o procedimento falimentar – tanto na hipótese do artigo 114-A, quanto do artigo 156.

Portanto, não mais se justifica a regra que estabelecia o retorno do curso do prazo prescricional relativo às obrigações do falido, a partir do trânsito em julgado da sentença de encerramento da falência (art. 157), já que tal ato processual extingue as obrigações do falido, nos termos do inciso VI do artigo 158. A partir dessa nova previsão, tem-se que a extinção das obrigações do falido se dá com o encerramento da falência, exceto nos casos em que a sentença for proferida mais de 3 anos depois que decretada a quebra, hipótese em que a extinção das obrigações ocorrerá com fundamento no art. 158, V, da Lei n. 11.101/2005.

Referências bibliográficas

BEZERRA FILHO, Manoel Justino. *Comentários à Lei de Recuperação de Empresas e Falência*. 14ª ed. São Paulo: Revistas dos Tribunais, 2018.

CARVALHO DE MENDONÇA, José Xavier. *Tratado de Direito Comercial brasileiro*. Tomo II. 1ª ed. atual. vol. 5. atual. Campinas: BookSeller, 2006.

COSTA, Daniel Carnio; MELO, Alexandre Nasser. *Comentários à Lei de Recuperação de Empresas e Falência*. 2ª ed. São Paulo: Juruá, 2021.

CUNHA, Fernando Antonio Maia da; DIAS, Maria Rita Rebello Pinho. *Comentários à Lei de Recuperação de Empresas e Falência*: Lei n. 11.101, de 09 de fevereiro de 2005. São Paulo: Contracorrente, 2022.

DIAS, Maria Rita Rebello Pinho. "Normas de estabilização dos conflitos no processo falimentar: potenciais efeitos para aumento de sua celeridade e efetividade". *In*: CUNHA, Fernando Antonio Maia da; LAZZARESCHI NETO, Alfredo Sergio. *Direito Empresarial aplicado*. vol. 2. São Paulo: Contracorrente, 2022.

FERES, Marcelo Andrade. "Extinção das obrigações do falido após a Lei 14.112/2020: o maléfico fresh start à brasileira". *In*: FRAZÃO, Ana *et al.* (Coord.). *Direito Empresarial e suas interfaces*: homenagem a Fábio Ulhoa Coelho. São Paulo: Quartier Latin, 2022.

SACRAMONE, Marcelo Barbosa. *Comentários à Lei de Recuperação de Empresas e Falência*. 2ª ed. São Paulo: Saraiva, 2021.

VALVERDE, Trajano de Miranda. *Comentários à Lei de Falências*. vol. 2. Rio de Janeiro: Forense, 1948.

CAPÍTULO X

A REALIZAÇÃO DO ATIVO NA FALÊNCIA

Introdução

A reforma introduzida pela Lei n. 14.112/2020 na Lei n. 11.101/2005 representou uma mudança substancial no sistema de insolvência brasileiro. Dentre as diversas inovações, é certo que especial atenção foi dada à falência, com o intuito de superar sua consolidada visão de absoluta ineficácia – que vinha desde o Decreto-Lei n. 7661/1945 –, buscando reposicioná-la ao *status* de uma opção concreta para os credores, dependendo do caso.

Imprescindível, assim, avaliar as novas regras e verificar se a sua aplicação terá o condão de cumprir com os objetivos traçados pelo legislador, proporcionando aos credores uma ferramenta mais eficaz, superando os estigmas do passado, nos quais a falência era vista como um caminho de perda certa.

Convidamos, pois, os leitores a algumas reflexões sobre as alterações promovidas na Seção X do Capítulo V da Lei n. 11.101/2005, a fim de analisar os avanços decorrentes da reforma introduzida pela Lei n. 14.112/2020 quanto à realização do ativo na falência.

1 A celeridade do processo falimentar como pedra de toque

Antes de adentrar nas mudanças referentes ao tema da realização do ativo, cumpre anotar, sinteticamente, as importantes alterações promovidas pela Lei n. 14.112/2020 no art. 75 da Lei n. 11.101/2005, considerando que elas apontam com clareza a direção almejada pelo legislador no campo específico da falência.

A nova redação mantém no inciso I a previsão que antes constava do *caput*, assentando que a falência visa "*preservar e a otimizar a utilização produtiva dos bens, dos ativos e dos recursos produtivos, inclusive os intangíveis, da empresa*". Já os incisos II e III inovavam ao celebrar dois outros relevantes objetivos do processo falimentar:

> "*permitir a liquidação célere das empresas inviáveis, com vistas à realocação eficiente de recursos na economia*" e "*fomentar o empreendedorismo, inclusive por meio da viabilização do retorno célere do empreendedor falido à atividade econômica*".

Por sua vez, no art. 75, § 1º da Lei n. 11.101/2005 o legislador repetiu parte do conteúdo do antigo parágrafo único no sentido de que "*o processo de falência atenderá aos princípios da celeridade e da economia processual*", incluindo que essa tramitação célere não representa em "*prejuízo do contraditório, da ampla defesa e dos demais princípios previstos na Lei n. 13.105, de 16 de março de 2015 (Código de Processo Civil)*".

Outra inovação está esculpida no art. 75, § 2º da Lei n. 11.101/2005, no qual se acrescentou a afirmação de que a falência "*é mecanismo de preservação de benefícios econômicos e sociais decorrentes da atividade empresarial, por meio da liquidação imediata do devedor e da rápida realocação útil de ativos na economia*". Ou seja, o legislador deixou expresso que o processo falimentar deve tramitar de maneira célere, não só para o pagamento dos credores, mas também para que ocorra a devida realocação de tais bens na economia.

E não é só. Conforme demonstrado a seguir, o legislador não se ocupou da questão da celeridade apenas em termos principiológicos, houve importante avanço em assuntos que deverão influenciar diretamente no caminhar mais célere do processo falimentar, em especial na venda do ativo, que possui enorme impacto em termos de eficácia processual, já que sem a alienação do ativo não há como se iniciar a fase de pagamento aos credores.

3 A nova realização do ativo

A demora que existia na solução das falências no Decreto-Lei n. 7.661/1945, pela necessidade de esgotar a discussão dos créditos e a formação do ativo dar início do pagamento dos credores levou o legislador a estabelecer no art. 139 da Lei n. 11.101/2005 que "*logo após a arrecadação dos bens do respectivo auto ao processo de falência, será iniciada a realização do ativo*", de modo que que a realização do ativo era feita independentemente da formação do quadro geral de credores, nos moldes do art. 140, § 2º.

Em tese, essa providência aceleraria o processo e afastaria a premissa antiga de que sempre era a quebra do mal maior, devolvendo alguma perspectiva de recuperação de crédito ao credor, que passaria a ver na falência um procedimento menos moroso.

Essas previsões, contudo, não impediram que o procedimento de realização do ativo da falência fosse excessivamente longo já que a legislação apenas tratava do início dos trabalhos, não contendo qualquer menção ao seu término. Foi, uma vez mais, visando remediar essa situação que foram acrescidos pela Lei n.

14.112/2020 dispositivos regulando o prazo de conclusão dessa importante etapa.

Agora, de acordo com o art. 99, § 3º da Lei n. 11.101/2005,

> *após decretada a quebra ou convolada a recuperação judicial em falência, o administrador deverá, no prazo de até 60 (sessenta) dias, contado do termo de nomeação, apresentar, para apreciação do juiz, plano detalhado de realização dos ativos, inclusive com a estimativa de tempo não superior a 180 (cento e oitenta) dias a partir da juntada de cada auto de arrecadação, na forma do inciso III do caput do art. 22 desta Lei.*

O art. 22, inciso III, mencionado pelo art. 99, § 3º, passa a dispor, na alínea "j", que cabe ao administrador judicial

> *proceder à venda de todos os bens da massa falida no prazo máximo de 180 (cento e oitenta) dias, contado da data da juntada do auto de arrecadação, sob pena de destituição, salvo por impossibilidade fundamentada, reconhecida por decisão judicial.*

Já o art. 142, § 2º-A, inciso IV, reforça a previsão de que a realização do ativo da falência "*deverá ocorrer no prazo máximo de 180 (cento e oitenta) dias, contado da data da lavratura do auto de arrecadação, no caso de falência*".

Sobre o tema, oportuno anotar que, em tese, não deveria ocorrer nenhuma consequência para o administrador judicial se, mesmo preparando tudo para a venda do ativo no prazo de 180 dias, isso não ocorrer por fatores alheios à sua atuação. Sua obrigação é apresentar ao juiz, no prazo, sob pena de destituição, todos os elementos que permitam a venda do ativo arrecadado no novo prazo estabelecido pela Lei n. 14.112/2020.

O conteúdo desses novos dispositivos revela a preocupação com a celeridade na realização do ativo, estabelecendo não apenas o dever do administrador judicial em apresentar um plano detalhado de realização dos ativos, mas também a obrigação relevantíssima de vender todos os ativos da massa falida no prazo máximo de 180 dias, contado da data da juntada do auto de arrecadação, conforme destaca a doutrina:

> *Como forma de acelerar o procedimento falimentar e de torná-lo mais eficiente, princípios que orientaram a alteração da Lei n. 11.101/2055 pela Lei 14.112, de 24 de dezembro de 2020, determinou-se a imediata liquidação dos ativos pelo administrador judicial, o que deverá ser em até 180 dias da arrecadação dos bens, sob pena de destituição (art. 22, III, j). Para que isso possa ser programado, o administrador judicial deverá, no prazo de 60 dias da assinatura do termo de nomeação, apresentar um plano detalhado de realização dos ativos.*[205]
>
> *Inovação promissora da Reforma de 2020 se encontra no § 3º do art. 99, que incumbe ao administrador judicial a elaboração de um plano detalhado de realização dos ativos. Ela está relacionada diretamente ao objetivo de priorização a aceleração da venda dos bens do falido, com vista à preservação do valor deles.*[206]

Por outro lado, em relação à implementação desses novos prazos, é relevante destacar as observações feitas pelos professores Gustavo Lacerda Franco, Sheila Neder Cerezetti e Tatiana Flores, no sentido de que não basta a mera criação de prazos. É certo que a implementação de celeridade nos processos concursais depende

---

205 SACRAMONE, Marcelo Barbosa. *Comentários à Lei de recuperação de empresas e falência*. 2ª ed. São Paulo: Saraiva, 2021, p. 483.

206 COELHO, Fábio Ulhoa. *Comentários à Lei de Falências e Recuperação de Empresas*. 14ª ed. São Paulo: Revista dos Tribunais, 2021, p. 367.

da criação de uma adequada estrutura cartorária que possa atender às necessidades específicas desses procedimentos:

> (...) *muitas vezes, a morosidade do processo falimentar (e também de outros processos concursais, a exemplo da recuperação judicial) não decorre de problemas no texto legal. Notoriamente, o gargalo que obsta o célere desenrolar dos feitos falimentares está, com frequência, na falta de estrutura das varas responsáveis pelo seu processamento e até na ausência de recursos da massa falida, a inviabilizar que o administrador judicial nomeado desempenhe suas funções com a presteza desejada. Se não houvesse essas falhas extralegais, algumas falências poderiam tramitar rapidamente mesmo sem a imposição de qualquer prazo máximo a esse respeito. E, com elas, pode ser que o mero estabelecimento dos prazos não resolva a demora de que tanto se reclama.*[207]

De toda sorte, o estabelecimento de um prazo para a realização do ativo representa um passo importante em direção à celeridade do procedimento falimentar, transformando-o em algo mais adequado para os casos em que a recuperação, de fato, apenas protela o reconhecimento de que a empresa não possui mais condições de se manter em funcionamento.

Mas como não bastava estabelecer um mero prazo processual, o legislador tratou de inserir outras alterações que, se devidamente cumpridas, têm capacidade de auxiliar na alienação célere dos bens e a sua consequente realocação na economia. Vejamos.

Foram relevantes as mudanças no art. 142 da Lei n. 11.101/2005, que cuida das modalidades de alienação dos bens da massa falida, mediante a revogação das hipóteses de propostas fechadas e pregão

---

207 CEREZETTI, Sheila Neder; FRANCO, Gustavo Lacerda; SERAFIM, Tatiana Flores. "Breves notas sobre a realização do ativo na reforma da LRF: a busca por uma falência mais célere e efetiva". *Revista do Advogado*, nº 150, jun. 2021, p. 275.

(incisos II e III) e a garantia de maior liberdade, permitindo-se a realização de "leilão eletrônico, presencial ou híbrido" (inciso I), de

> *processo competitivo organizado promovido por agente especializado e de reputação ilibada, cujo procedimento deverá ser detalhado em relatório anexo ao plano de realização do ativo ou ao plano de recuperação judicial, conforme o caso* (inciso IV),

ou, ainda, de "*qualquer outra modalidade, desde que aprovada nos termos desta Lei*" (inciso V).

Por sua vez, os incisos I, II e III do art. 142, § 2º-A, preveem, respectivamente, que a alienação dos bens da massa falida: "*dar-se-á independentemente de a conjuntura do mercado no momento da venda ser favorável ou desfavorável, dado o caráter forçado da venda*", "*independerá da consolidação do quadro-geral de credores*" e "*poderá contar com serviços de terceiros como consultores, corretores e leiloeiros*".

O inciso V merece uma consideração a parte por sua relevância. Nele o legislador afastou o preço vil dos procedimentos falimentares.

O referido instituto era uma munição utilizada de forma recorrente para suscitar questionamentos acerca do valor de alienação dos bens, já que antes da edição do Código de Processo Civil de 2015 sequer havia critério legal determinado acerca de sua aplicação – foi somente com a edição do novo diploma processual que o legislador definiu preço vil como aquele "*preço inferior ao mínimo estipulado pelo juiz e constante do edital, e, não tendo sido fixado preço mínimo, considera-se vil o preço inferior a cinquenta por cento do valor da avaliação*".[208]

---

208 Art. 891, parágrafo único, do CPC/15.

A nova redação do art. 142, § 2º-A, estabelece, no inciso V, que a alienação "*V – não estará sujeita à aplicação do conceito de preço vil*". E determina, no § 3º-A, que a alienação do ativo será da seguinte maneira:

> *I – em primeira chamada, no mínimo pelo valor de avaliação do bem; II – em segunda chamada, dentro de 15 (quinze) dias, contados da primeira chamada, por no mínimo 50% (cinquenta por cento) do valor de avaliação; e III – em terceira chamada, dentro de 15 (quinze) dias, contados da segunda chamada, por qualquer preço.*

O que se determinou, portanto, é que o ativo avaliado será objeto de alienação judicial em leilão pelo melhor preço de mercado, independentemente da sua avaliação formal, que, realizada com dados hipotéticos, pode não refletir o valor real. Além disso, com o afastamento legal da alegação de preço vil, a tendência é que o ativo seja alienado pelo seu valor de mercado para rápido pagamento dos credores, atendendo-se ao objetivo da reforma:

> *Aqui, pois, fica clara a intenção do legislador em dar preferência à celeridade da alienação judicial na falência, em detrimento do valor apurado na avaliação dos bens do falido. A opção legislativa apresentada na reforma, nesse dispositivo específico, é aderente ao princípio evidenciado no artigo 75 da LRF segundo o qual o objetivo primordial pretendido pelo legislador com a falência é de que esta funcione como mecanismo de preservação dos benefícios econômicos sociais e econômicos da empresa. Isso porque, falindo a empresa, o mais interessante à economia nacional, ao mercado e aos credores é a rápida realocação de seus recursos, que ainda se mostrem aptos à geração de valor.*[209]

---

209 CUNHA, Fernando Antonio Maia da; DIAS, Maria Rita Rebello Pinho. *Comentários à Lei de Recuperação de Empresas e Falência*. São Paulo: Contracorrente, 2022, p. 741.

Importante destacar que a eliminação do preço vil do procedimento falimentar tem sido referendada pelos tribunais em recentes julgados, o que, sem dúvida, fortalece a previsão advinda da reforma promulgada em 2020:

> *Falência. Realização do ativo. Arrematação de direitos creditórios sobre os precatórios de titularidade da massa falida. Arrematação pelo equivalente a 3% do valor da avaliação. Possibilidade no caso concreto. Nulidade do edital afastada. Princípio da instrumentalidade das formas e ausência de prejuízo. Diversas tentativas de alienação anteriores que restaram frustradas. Conceito de preço vil que não se aplica ao processo falimentar atual. Decisão que deve ser mantida visando a proteção do direito do arrematante e a celeridade na realização do ativo Inteligência do art. 142, § 2°-A, inciso V e § 3°, incisos, da Lei 11.101/05. Aprovação da arrematação que deve seguir o critério da estrita legalidade. Exegese do art. 142, § 3°-B, inciso III da Lei 11.101/05. Recurso improvido.*[210]
>
> *Agravo de instrumento. Falência. A decisão recorrida rejeitou o pedido de declaração de nulidade formulado pelo recorrente e acolheu a proposta de arrematação condicional de bens imóveis trazida pela Leiloeira Oficial. Inconformismo do credor. Ativos leiloados em terceira chamada. Inexistência de preço mínimo. Inaplicabilidade do conceito de preço vil, insculpido no art. 891 do CPC. Inteligência do art. 142, § 3°-A, inciso III, da Lei n. 11.101/05. Reforma legislativa que visa à desburocratização e a celeridade na realização do ativo da falida. Decisão mantida. Recurso desprovido.*[211]

---

210 TJSP, Agravo de instrumento n. 2122864-40.2022.8.26.0000, Des. Rel. Franco de Godoi, 1ª Câmara Reservada de Direito Empresarial, j. 08.02.2023.

211 TJSP, Agravo de instrumento n. 2177369-15.2021.8.26.0000, Des. Rel. Azuma Nishi, 1ª Câmara Reservada de Direito Empresarial, j. 27.07.2022.

Seguindo a mesma linha da busca pela efetividade, o art. 143, *caput*, da Lei n. 11.101/2005 manteve a possibilidade de apresentação de:

> *impugnações por quaisquer credores, pelo devedor ou pelo Ministério Público, no prazo de 48 (quarenta e oito) horas da arrematação, hipótese em que os autos serão conclusos ao juiz, que, no prazo de 5 (cinco) dias, decidirá sobre as impugnações e, julgando-as improcedentes, ordenará a entrega dos bens ao arrematante, respeitadas as condições estabelecidas no edital.*

A novidade ficou por conta da introdução de quatro parágrafos que tratam da temática das impugnações baseadas no valor de venda.

O art. 143, § 1º, previu que as:

> *impugnações baseadas no valor de venda do bem somente serão recebidas se acompanhadas de oferta firme do impugnante ou de terceiro para a aquisição do bem, respeitados os termos do edital, por valor presente superior ao valor de venda, e de depósito caucionário equivalente a 10% (dez por cento) do valor oferecido.*

Já o § 2º estipulou que a referida oferta "*vincula o impugnante e o terceiro ofertante como se arrematantes fossem*".

Por sua vez, os §§ 3º e 4º estabeleceram, respectivamente, que "*se houver mais de uma impugnação baseada no valor de venda do bem, somente terá seguimento aquela que tiver o maior valor presente entre elas*" e que

> *a suscitação infundada de vício na alienação pelo impugnante será considerada ato atentatório à dignidade da justiça e sujeitará o suscitante à reparação dos prejuízos causados e*

> *às penas previstas na Lei n. 13.105, de 16 de março de 2015 (Código de Processo Civil), para comportamentos análogos.*

Tais dispositivos deixam claro que o legislador quis evitar ao máximo a apresentação de impugnações infundadas ou meramente protelatórias, incumbindo um significativo ônus àqueles que decidirem impugnar a alienação com base em seu valor.

Por fim, mas não menos relevantes, foram as alterações promovidas nos artigos 144-A e 145 da Lei n. 11.101/2005.

O art. 144-A representou um avanço significativo para aquelas hipóteses em que realmente não há ativo de valor de propriedade da falida, estabelecendo que "*frustrada a tentativa de venda dos bens da massa falida e não havendo proposta concreta dos credores para assumi-los, os bens poderão ser considerados sem valor de mercado e destinados à doação*".

Já o art. 145 deu especial flexibilidade para credores mais qualificados que tenham capacidade de operacionalizar alternativas aos bens da massa falida, estipulando que:

> *por deliberação tomada nos termos do art. 42 desta Lei, os credores poderão adjudicar os bens alienados na falência ou adquiri-los por meio de constituição de sociedade, de fundo ou de outro veículo de investimento, com a participação, se necessária, dos atuais sócios do devedor ou de terceiros, ou mediante conversão de dívida em capital.*

Conclusão

Em síntese, o presente artigo destacou as principais alterações promovidas nos artigos 141 a 145 da Lei n. 11.101/2005, a fim de analisar os avanços decorrentes da reforma introduzida pela Lei n. 14.112/2020 quanto à realização do ativo na falência.

Conforme demonstrado, a reforma deu especial ênfase à celeridade do processo, estabelecendo de forma expressa os marcos de início e fim do procedimento de realização do ativo. Além disso, houve mudanças significativas nas modalidades de alienação dos bens da massa falida, com o afastamento do conceito de preço vil e a previsão de doação dos bens nos casos em que não houver interessados.

O legislador buscou, de maneira clara e louvável, afastar a antiga premissa de que os processos de falência são intermináveis, visando a rápida reintegração do falido às atividades econômicas, bem como a circulação mais célere dos ativos no mercado.

Referências bibliográficas

CEREZETTI, Sheila Neder; FRANCO, Gustavo Lacerda; SERAFIM, Tatiana Flores. "Breves notas sobre a realização do ativo na reforma da LRF: a busca por uma falência mais célere e efetiva". *Revista do Advogado*, Edição nº 150, jun. de 2021.

COELHO, Fábio Ulhoa. *Comentários à Lei de Falências e Recuperação de Empresas*. 14ª ed. São Paulo: Revista dos Tribunais, 2021.

CUNHA, Fernando Antonio Maia da; DIAS, Maria Rita Rebello Pinho. *Comentários à Lei de Recuperação de Empresas e Falência*: Lei n. 11.101, de 09 de fevereiro de 2005. São Paulo: Contracorrente, 2022.

SACRAMONE, Marcelo Barbosa. *Comentários à Lei de Recuperação de Empresas e Falência*. 2ª ed. São Paulo: Saraiva, 2021.

NOTAS

NOTAS

NOTAS

A Editora Contracorrente se preocupa com todos os detalhes de suas obras! Aos curiosos, informamos que este livro foi impresso no mês de setembro de 2025, em papel Pólen Natural 80 g/m^2.